Anzahl der Schiffe

Supertrawler

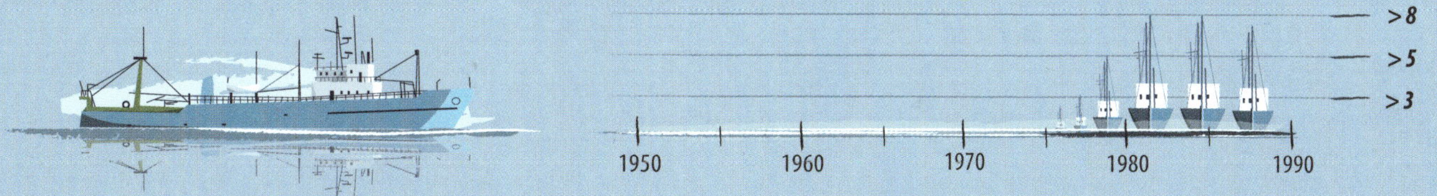

Transport- & Verarbeitungsschiffe

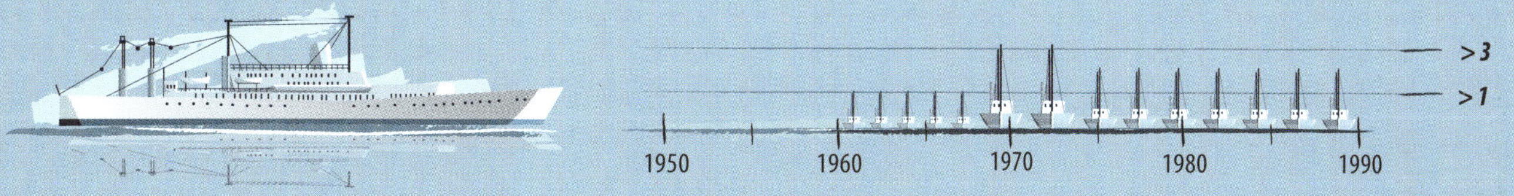

Kühl- und Transportschiff

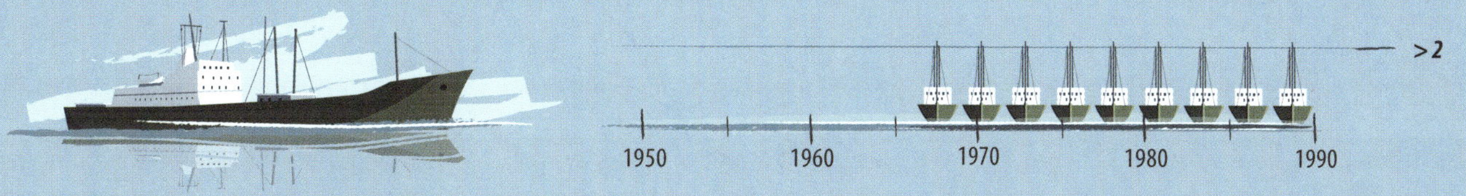

Gefriertrawler

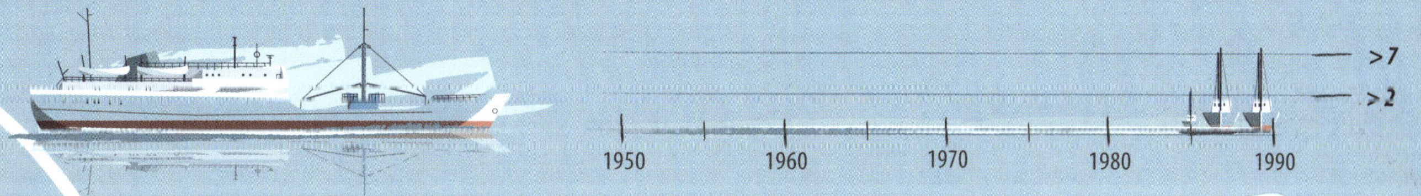

Hilfsschiffe

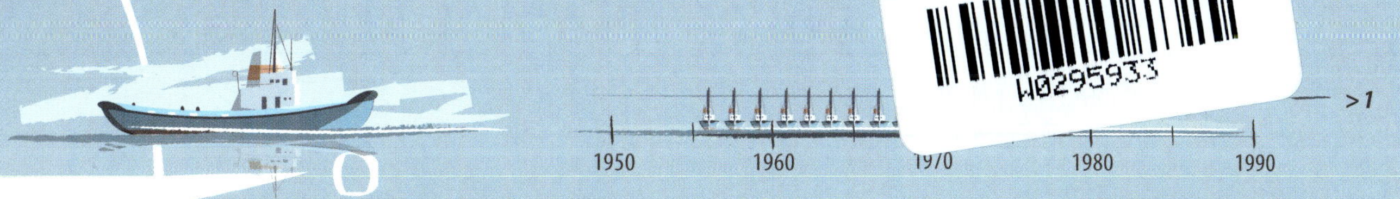

DDR ahoi!

Andreas Biskupek | Olaf Jacobs

DDR ahoi!

Kleines Land auf großer Fahrt

mitteldeutscher verlag

INHALT

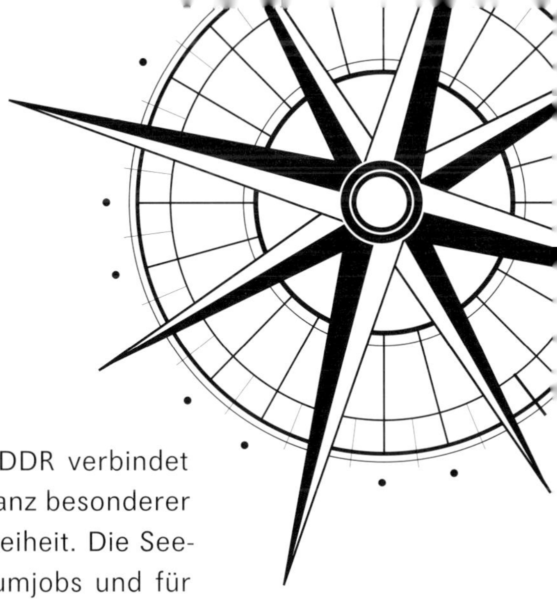

EINLEITUNG

Eigentlich waren die Voraussetzungen der DDR denkbar ungünstig, um eine Seefahrernation zu werden. Am Ende des Zweiten Weltkrieges gibt es auf dem Territorium der sowjetischen Besatzungszone kein einziges fahrtüchtiges Schiff. Die Häfen von Rostock, Stralsund, Wismar und Sassnitz sind größtenteils zerstört. Überall in der Ostsee treiben Minen. Was noch funktioniert, wird als Reparationsleistung von der Sowjetunion verlangt.

Trotz der katastrophalen Ausgangsbedingungen gelingt es der DDR, eine beachtliche Handelsflotte aufzubauen. Sogar drei »Traumschiffe« leistet sich der Arbeiter-und-Bauern-Staat. Der Bau des Rostocker Überseehafens begeistert in den 60er-Jahren die ganze Republik. Fast 180 Schiffe gehören in den 1980er-Jahren zur Handelsflotte, mehr als 200 Fischereifahrzeuge sind im Fischfang unterwegs. Die DDR fährt mit auf den Weltmeeren und wird tatsächlich zu einer der wichtigsten Seefahrernationen.

Die Arbeitsteilung im Rat für gegenseitige Wirtschaftshilfe (RGW) sieht die DDR als federführend für Schiffbau und Fischfang im Ostblock. Auf allen Weltmeeren sind Schiffe unter der Flagge der DDR unterwegs – sie sind der Stolz des Landes und werden im Laufe der Zeit immer mehr zum Spiegel seiner Probleme.

Für die Menschen in der DDR verbindet sich mit der Seefahrt ein ganz besonderer Reiz von Abenteuer und Freiheit. Die Seefahrt bietet für einige Traumjobs und für die Daheimgebliebenen jede Menge Stoff für Sehnsucht und Träume. Jede Woche meldet das Radio für ein fasziniert träumendes Publikum Schiffspositionen, das Fernsehen sendet mit großem Erfolg die Serie »Zur See«.

Mehr als 300.000 Menschen sind in den vier Jahrzehnten ihres Bestehens auf Schiffen unter DDR-Flagge gefahren. Manche berichten, solange sie auf einem Schiff waren, nicht in der DDR gelebt zu haben, andere, dass sie auf jedem Schiff eine kleine DDR erlebten.

Die Geschichte der ostdeutschen Seefahrt ist eine Geschichte von Aufstieg und Niedergang der DDR als Seefahrernation, aber auch der DDR insgesamt. Alle Probleme und Eigenheiten des Landes, von Mangel und Improvisation, von Regelungswahn und freier Auslegung, aber auch von Willkür und Gängelung spiegeln sich in der Seefahrt wider. Deshalb kann es letztlich auch keine wahrhafte und abschließende Bewertung geben, dafür aber eine Fülle von kleinen Geschichten, die ihre Prägung aus großen Zusammenhängen erfuhren.

»DDR ahoi!« ist als zweiteilige Fernsehdokumentation in Koproduktion der Hoferichter & Jacobs GmbH mit MDR und NDR sowie mit Unterstützung der NDR-Filmförderung und der Wirtschaftlichen Filmförderung Mecklenburg-Vorpommern entstanden. Während die Filme von Zeitzeugen und Archivmaterial leben, verzichtet das Buch auf diese individuellen Erlebnisberichte und Archivmaterial aus offiziellen Medien. Als Wirtschaftsjournalist setzt Andreas Biskupek vor allem auf die großen ökonomischen Zusammenhänge, von welchen letztendlich immer die entscheidenden Impulse für Aufstieg und Niedergang der DDR als Seefahrernation ausgingen. Die Bilder stammen überwiegend aus privaten Archiven ehemaliger und zum Teil heute noch aktiver Seeleute. Unser Dank gilt denen, die uns an ihren Geschichten teilhaben ließen und uns Bilder zur Verfügung gestellt haben, außerdem dem Autor und Regisseur der Filme, Lutz Pehnert, sowie Gundula Fasold, Peter Effenberg und Ringo Rösener für die Mitarbeit wie auch dem MDR und dem NDR, in diesem Fall in Person der Redakteure Silke Heinz und Thomas Balzer, und nicht zuletzt dem Mitteldeutschen Verlag für sein Engagement und sein geduldiges Verständnis für die Unterschiede im Rhythmus zwischen Fernseh- und Buchproduktion.

Olaf Jacobs

KURZ NACH NOAH

Natürlich beginnt die Geschichte der DDR-Seefahrt nicht mit der Arche Noah und auch nicht bei den Wikingern, wenn sich auch ihre Voraussetzungen durchaus mit denen jener Zeiten vergleichen ließen. Der »Heimathafen« der ostdeutschen Seefahrt, der Ursprung einer erstaunlichen wirtschaftlichen und auch wissenschaftlichen Entwicklung, liegt im Ende und Ergebnis des Zweiten Weltkrieges begründet. Daher beginnt die kurze Schau auf diesen komplett abgeschlossenen Lebenskreis – denjenigen der DDR-Seefahrt – ziemlich genau im Mai 1945.

Die sukzessive Teilung Deutschlands ab 1945, seine geografische Lage im Zentrum eines geteilten Nachkriegseuropas und einer geteilten Welt, bildete den Ursprung für die ostdeutsche Seefahrt. Dieser langsam entstehende ostdeutsche Teilstaat befand sich urplötzlich abgeschnitten von einem Großteil seiner ökonomischen (und

I Das Fischkombinat war Hauptauftraggeber für den Bau der 24 m-Kutter. SAS 249 »J. W. Goethe« und SAS 250 »J. S. Bach« wurden in der Boots- und Reparaturwerft Greifswald hergestellt

natürlich auch geistigen) Beziehungen. Die Mischung aus einem preußischen Agrarstaat und einem sächsischen Industrieherz reichte natürlich nicht aus, um lebensfähig zu werden. Also musste sich all jenes, was zu einem funktionierenden mitteleuropäischen Staat im Ostteil Deutschlands bis zu diesem Zeitpunkt noch vollständig fehlte, erst heranbilden oder aus dem Boden gestampft werden. In allererster Linie waren das die Handels-, kurz gesagt: die Austauschbeziehung. Und einen der wichtigsten Verkehrswege für solche internationalen Beziehungen bediente seit Tausenden von Jahren die Seefahrt, dies galt für den neu entstehenden Staat ebenso wie für alle früheren Kulturen.

Eine erste Schwierigkeit für die ostdeutsche Seefahrt war, dass die wirklich großen deutschen Häfen, die über Jahrhunderte natürlich gewachsen und in den letzten 80 Jahren Ausgangspunkte für eine europäische Großmacht geworden waren, alle im Westen des willkürlich von seinen Besatzern geteilten Landes lagen. Die durchaus großen Hansetraditionen, auf die sich Rostock, Wismar oder Greifswald heute wieder berufen, lagen schon über Jahrhunderte zurück. Preußen war nie eine wirkliche Seemacht gewesen. Seine Ausdehnungsbestrebungen wurden überwiegend mit gut gedrillten Fußsoldaten umgesetzt – weniger mit Schiffskanonen. Auch das idyllische Binnenmeer, die Ostsee, wurde von den Preußen eher an deren sandigen Ufern beherrscht als auf den Wellenbergen. Im Laufe seiner Staatsentwicklung veränderte sich die strategische preußische Hauptzielrichtung. Nachdem

man den kühlen Nordosten, die Ostsee und ihre Randgebiete, relativ sicher ins preußische Staatswesen integriert hatte, geriet der mitteleuropäische, vorerst mitteldeutsche Raum ins Visier Preußens. Erst mit der deutschen Reichsgründung von 1871, mit dem Entstehen einer neuen, recht großen politischen Macht im Herzen Europas, erlangte die Schifffahrt eine gewisse Bedeutung, und das gesamte erstmals geeinte Deutschland nutzte die schon bestehenden und geografisch günstiger liegenden Häfen wie Hamburg und Bremen, weniger auch Kiel und Emden, als seine großen Ausgangstore zur Welt. Dort wuchsen die deutschen Handelshäfen, dort entstanden die riesigen Umschlagplätze, von denen aus die Güter der rasant wachsenden Industrieproduktion des erwachenden Deutschen Reiches ihre Wege in die Welt nahmen – günstig gelegen zu England und zur Übersee, wohin es die Produkte der gesamten deutschen Industrie »trieb«.
Das ostdeutsch-preußische Hinterland – nach wie vor gut für Rüben- und Kartoffelzucht und zur Ausbildung für Soldaten geeignet – benötigte keine Häfen. Bis 1945 war das so und alle kamen gut damit hin. Nun plötzlich brauchte man von diesem separierten Teil Deutschlands Transportmöglichkeiten, und ebenso wie im früheren großen und ganzen Deutschland ging es vorrangig um die Einfuhr von Rohstoffen und die massenhafte Ausfuhr von Industriegütern »Made in Germany«.
Die Bezeichnung »Exportweltmeister« hat Deutschland schon immer im Ganzen beschrieben. Er ist nicht auf einzelne

Seite 10 I Der hölzerne 17 m-Kutter SAS 93 »Edgar André« war einer der ersten Kutter, die durch das Kutterneubauprogramm 1949 in Sassnitz in Dienst gestellt wurden. Diese Kutter sind zum Teil auch heute noch in der Küstenfischerei im Einsatz

Seite 11 I 1951 fanden Taufe und offizieller Stapellauf des größten Holzkutters statt. SAS 200 »Neues Deutschland« wurde der Lehr- und Ausbildungskutter des Fischkombinats und bot optimale Bedingungen für die praktische Ausbildung. Sechzehn Lehrlinge und sieben Mann Besatzung fanden darauf Platz. Insgesamt wurden jährlich etwa 180 Lehrlinge ausgebildet

Seite 13 I Ein strenger Winter 1955 führte zu starken Vereisungen an dem Motorfrachter »Stralsund«. Dieses Schiff wurde als dritter Neubau im Jahr zuvor an die Deutsche Seereederei Rostock übergeben und ihr Untergang 1957 war der erste Totalverlust für die DSR

Teile dieses großen europäischen Staates beschränkt und resultiert auch nicht aus einem »sportlichen Wettstreit« oder der Jagd nach Titeln. Der deutsche Exporteifer liegt an den geografischen und geologischen Besonderheiten dieses zentral in Europa ruhenden Staates. Diese Ex- und Importorientierung betraf natürlich auch dieses abgetrennte mitteldeutsche Gebiet, aus dem sich ein eigener Staat entwickeln sollte. Im anderen Teil Deutschlands, unter britischer (ebenso wie unter amerikanischer oder französischer) Besetzung hatte man mit Großbritannien eine Besatzungsmacht, die sehr wohl um die Notwendigkeit eines gut funktionierenden und weltweit reichenden Transportsystems wusste. Diesem britischen Wissen ist es auch zu »verdanken«, dass bis 1949 so gut wie keine Schifffahrt im sowjetisch besetzen Teil Deutschlands entstand. Die Briten – in weiser Voraussicht dessen, was ungehinderter Transport ökonomisch möglich macht – stoppten alle Pläne der sowjetischen Besatzungsmacht und der ostdeutschen Dienststellen, Schiffe zu kaufen oder zu chartern. Sie hatten im beginnenden Kalten Krieg kein Interesse daran, dass aus dieser mitteldeutschen Landmasse ökonomisch und damit auch staatlich ein lebensfähiges Gebilde wachsen könnte. Letztlich und dialektisch verdankt die DDR-Seefahrt auch diesem britischen Hang zur Entwicklungsverhinderung – der oft mit der altehrwürdigen britischen Gewohnheit zur Teilung von beherrschten Gebieten gekoppelt ist – ihre Entstehung.

Irgendwie musste jedenfalls transportiert werden, also mussten Transportmöglichkeiten geschaffen oder anderweitig gefunden werden. So wie die britische Methode von außen Transporte zu verhindern suchte und damit einer Entwicklung im Wege stand, so waren auch die ursprünglichen Umgangsformen der sowjetischen Besatzungsadministratur gegenüber dem besiegten Land keine Entwicklungshilfe, da sie das kriegszerstörte Landstück zunächst nur als Eroberung ansahen. Allerdings zwang die Ökonomie zum Handeln und die neuen politischen Möglichkeiten nach der Gründung der zwei deutschen Nachfolgestaaten boten eine erste Grundlage. Und so entstanden unter ungünstigen Voraussetzungen – zum einen fehlte es an tauglichen Häfen, zum anderen an Schiffen, und selbst Seeleute waren im »entmannten« Nachkriegsdeutschland selten – eine nennenswerte Schiffsbauindustrie, eine sehr große (zeitweise die weltgrößte) Fischfangindustrie und eine wachsende Handelsseefahrt, die einige Weltbedeutung erlangte.

Der Anfang der DDR-Schifffahrt begann also bei null. Wenn daraus runde zwei Dutzend Jahre später eine Schifffahrt mit sehr großer Reichweite, modern und zuverlässig, mit ausreichenden Häfen und Hafenhinterlandanlagen, mit gut ausgebildeten Fachleuten auf dem Meer und an Land entstanden war, so war dies in aller Ursprünglichkeit eine großartige Aufbauleistung.

In der allerersten Phase nach dem Krieg, in der Zeit bis zur Staatsgründung der zwei deutschen Staaten, gab es recht wenig Bewegung zur See: 1946 nahm ein kleiner Frachter vom Hafen Rostock aus den Küstendienst auf, 1947 versuchte man die

gesamtdeutsch vorhandenen Transportmöglichkeiten auf die vier verschiedenen deutschen Besatzungsgebiete »gerecht« aufzuteilen, was von den Briten als Herren des Seehandels erfolgreich verhindert wurde.

Ab 1949/50 hatte man im Osten Deutschlands offensichtlich begriffen, dass die deutsche Teilung länger Bestand haben würde, und man beschloss nun endlich, eine eigene Seefahrt zu entwickeln. Viele Einzelheiten an dieser Geschichte und die zugehörigen Geschichtchen erinnern an Michail Soschtschenkos Satire »Die Kuh im Propeller« über die Entwicklung des sowjetischen Flugwesens auf dem Lande. Insgesamt handelt es sich allerdings um einen wesentlich ernsteren Vorgang, eine ökonomisch bedeutsame und einmalige Leistung, die menschliche, ökonomische und auch humoristische Folgen zeitigte.

Der erste Dampfer, die »Vorwärts«, war schon 46 Jahre alt, als er als erstes Schiff der frisch gegründeten Deutschen Schifffahrts- und Umschlagsbetriebszentrale (DSU) über die Wellen schaukelte. Das Schiff war 1903 – also bereits vor dem Ersten Weltkrieg – auf der Rostocker Neptunwerft gebaut worden, trug in ihren ersten Lebensjahren den Namen »Grete Cords«, hieß ab 1928 »Johann Ahrens« und lag bis 1949 als ausgeplündertes Wrack in der Wismarer Bucht. Dann wurde es nach Stralsund geschleppt, auf der dortigen Staatswerft wieder aufgebaut und am 13. Oktober 1950 auf eben jenen Namen »Vorwärts« getauft, unter dem es als erstes DDR-Handelsschiff in die Geschichte der ostdeutschen Seefahrt eingegangen ist. Der Veteran auf dem Meer hatte eine Tragfähigkeit von 1.250 Tonnen und fuhr ab 4. November 1950 als Stückgutdampfer über die Ostsee. Seine erste Reise führte ihn ins lettische Ventspils (Windau), das sich damals unter sowjetischer Herrschaft befand. Die erste Ladung der »Vorwärts« war also für die Siegermacht Sowjetunion bestimmt. Mit diesem Schiff fast zeitgleich wurde auch die »Fortschritt«, ebenfalls schon 50 Jahre alt, als Handelsschiff eingesetzt. Beide Schiffe gingen schon 1954 wieder aus dem Dienst und die 1952 beschlossenen 18 Neubauschiffe waren noch nicht auf dem Wasser. Ab Mitte 1957 wuchs die Flotte dann kontinuierlich durch Ankaufschiffe und zunehmend durch eigene Schiffsneubauten aus den Werften in Wismar oder Rostock.

FISCHEN GEGEN DEN HUNGER

Die Ostsee ruhte still, der Krieg war vorüber und das Leben der Menschen wurde wieder friedlicher. Doch die Bevölkerung in der direkten Nachkriegszeit ab Mai 1945 hungerte. Die Besatzungsmacht in Person des verantwortlichen sowjetischen Offiziers Wakurow befahl Fischfang.

Die Ausgangslage im Osten Deutschlands für die Entwicklung eines eigenen Fischfangs und einer Industrie zu dessen Verarbeitung war denkbar schlecht. Die großen Verarbeitungsbetriebe für gefangenen Fisch standen überwiegend an der Nordsee. Nicht einmal ein Zehntel der gesamten deutschen Vorkriegskapazität befand sich auf jenem Gebiet, auf dem später die DDR entstand – mit immerhin einem Viertel der deutschen Gesamtbevölkerung und dem entsprechenden Appetit auf Fisch.

Von allen Fischen, die im letzten »Friedensjahr« 1938 in deutschen Fischereihäfen angelandet wurden, hatten nur magere zwei

Durch die Seitentrawler wurde es ab 1952 möglich, auch die Fanggebiete im nördlichen Atlantik zu befischen. Dies wurde sogar bei Windstärken von bis zu 7 und 8 durchgeführt

Die Rostocker Logger gingen als Erste auf Fangfahrt in die Nordsee. Mit dem Grundschleppnetz ging es vor allem auf Jagd nach den großen Heringsschwärmen. An Bord von ROS 126 »Thomas Müntzer« befinden sich schon 60 Zentner Frischfisch

Prozent (oder runde 11.000 Tonnen) den Weg zu Orten an der mecklenburgisch-pommerschen Küste gefunden. Außer einer landestypischen und damit auch wirtschaftlich unbedeutenden Küstenfischerei, die durch ihre Unauffälligkeit in Teilen den Krieg überstanden hatte, gab es hier nichts. Die hiesigen Küstenfischer besaßen noch ein paar kriegsuntaugliche Boote und hatten einige wenige Kutter gerettet. Damit tuckerten sie nun hinaus auf die kalte Ostsee zum Heringsfang. Die Besatzungssoldaten fuhren auf jedem der kleinen Schiffe mit und kontrollierten. Der größte Teil des Fanges ging nämlich an die Sieger, der Rest an die Hungernden in den zerbombten Städten.

Für das erste vollständige Friedensjahr, das Jahr 1946, befahl Oberst Wakurow, dass insgesamt 25.000 Tonnen Fisch für die Besatzer und die hungernde Bevölkerung zu liefern seien; 19.000 Tonnen davon fingen die privaten Küstenfischer, die fehlenden 6.000 Tonnen hatte der erste staatliche Fischfangbetrieb Nachkriegsdeutschlands anzulanden. Das war der bescheidene Betriebsbeginn einer Firma, die später zu den größten Fischfangbetrieben der Welt werden sollte. Kurze 27 Jahre später, im Jahr 1973, würde dieser Betrieb

Seite 17 Die Arbeit der Küstenfischer wird auch in den 80er-Jahren noch geschätzt. Während der Heringssaison übergeben sie den überschüssigen Fang an eines der großen Verarbeitungsschiffe

THI-024 6

dann sagenhafte 223.000 Tonnen Fisch in den Ostseehäfen abliefern. Davon waren die ostdeutschen Fischer 1946 allerdings noch weit entfernt. Das Anfangsniveau war äußerst niedrig. Es war viel Fantasie vonnöten, um daran zu glauben, dass es hier im Nordosten Deutschlands ein paar Jahre später regen Fischfang und eine lebendige Industrie geben würde – inklusive der zugehörigen zwei Industriezweige: nämlich Schiffbau und Fischverarbeitungsindustrie. Die Sowjetische Militäradministration in Deutschland (SMAD) befahl den Fischern, jährlich eine bestimmte Menge an Fisch anzulanden. Die Anweisungen und Eingriffe der östlichen Besatzungsmacht führten natürlich auch dazu, dass die jeweiligen Zukunftsvorstellungen von einer Fischereiindustrie ebenso wie die von einer Werftenlandschaft nach sowjetischen Modellen geformt wurden. Man setzte in beiden Bereichen auf große staatliche Einheiten: auf Betriebe, die zentral gelenkt und geleitet wurden.

So entstanden – nach einigen Geburtswehen und Irrungen – staatliche Fischfanggroßbetriebe, eine ebenso staatliche Fischverarbeitung und eine staatliche Werftenindustrie. Die Aufgabe blieb bestehen: eine ausreichende Versorgung der Bevölkerung mit Fisch. Die im zunehmend geteilten Nachkriegseuropa permanent vorherrschende Angst, von der jeweilig anderen Seite in irgendeiner Weise abhängig und damit erpressbar zu werden, führte zu einem rapiden Anstieg der gefangenen Mengen an Fisch. Kurz vor dem Mauerbau – etwa 1960 – gelang im Osten die »vollständige Versorgung der Bevölkerung mit Fisch« aus eigenen Kräften – also ohne Importe. Darauf war man nicht zu unrecht stolz – 15 Jahre vorher hätte noch niemand an diese Entwicklung zu glauben gewagt. Immerhin lebte damals fast ein Viertel der deutschen Gesamtbevölkerung in diesem, von der Seefahrt sehr abgetrennten östlichen Staatsgebilde. Die Skandinavier, die traditionell für Deutschland als Lieferanten von Fisch galten, gehörten jetzt für den östlichen Teil Deutschlands zu den »Bösen«. Außerdem verlangten sie für ihre Fische Valuta, frei konvertierbare Währung also, und die hatte schon die junge DDR nur selten übrig.

Valuta gab es also nicht. Was es gab, waren ein paar Boote, Kutter, die noch der SMAD gehörten, und den etwas kriegsbeschä-

Seite 18 I Die Seitentrawler haben ihren Namen daher, dass das Netz über die Seitenwand des Schiffes eingeholt wird. Dies geschieht hier noch durch reine Muskelkraft der Fischer. Das gemeinschaftliche »Hol ein!« führte zum Erfolg

I Während der Frühjahrsheringssaison helfen Fischer aus den Produktionsgenossenschaften der Ostseeküste den Fischern

Fanggebiete der DDR-Fischerei

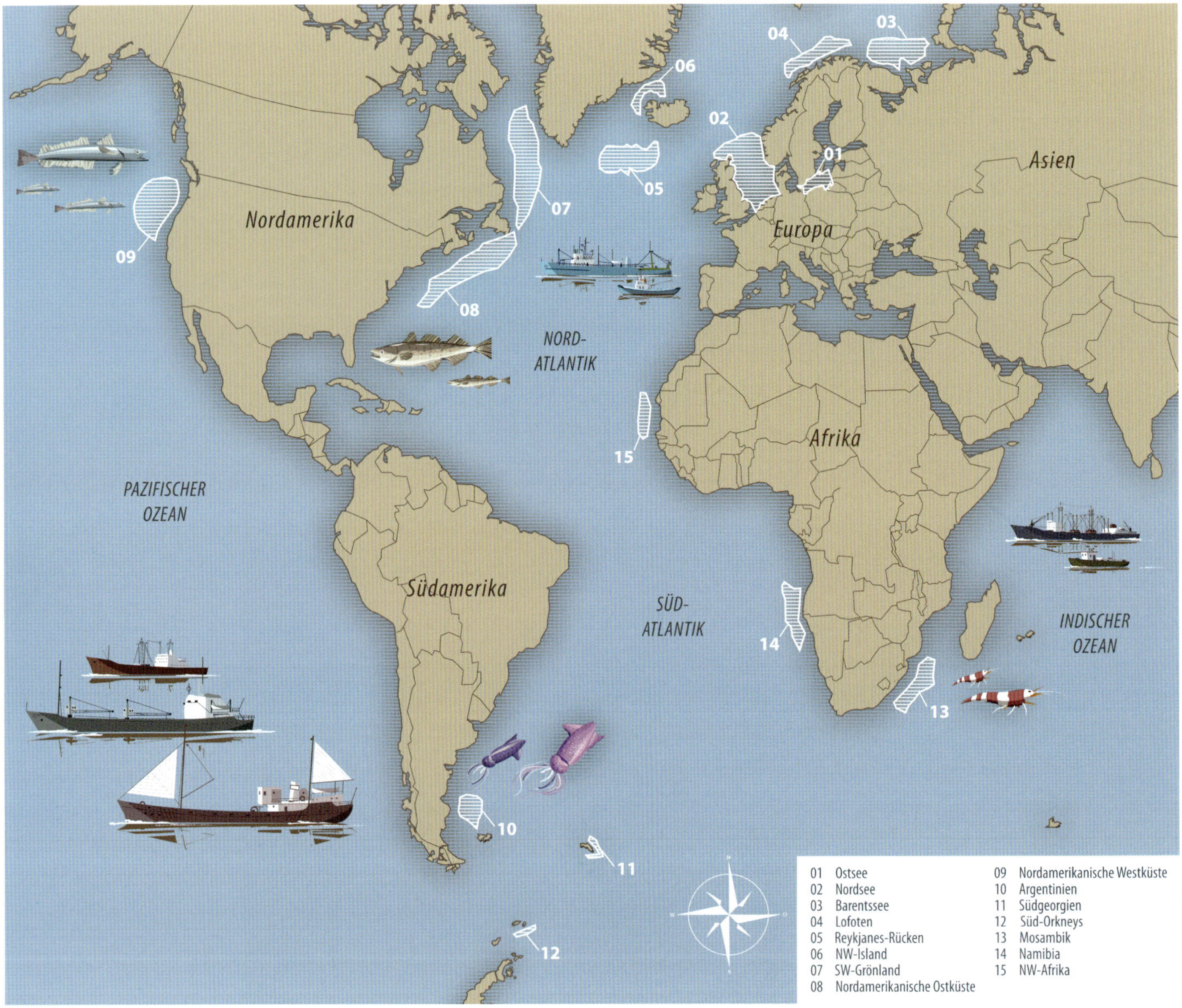

digten Hafen Sassnitz (alte Schreibung bis 1991: Saßnitz). Sassnitz hatte Fischfangtradition und verfügte außerdem noch über einen intakten Eisenbahnanschluss ins Binnenland.

Im Prinzip kamen mehrere Vorhaben, Bedürfnisse und Befehle zusammen. Die Deutsche Wirtschaftskommission (DWK), die zentrale deutsche Verwaltungsinstanz in der sowjetisch besetzten Zone, wies die damaligen fünf Ostländer an, Schiffe zu bauen, und die SMAD rückte im Jahre 1948 zwölf Kutter heraus. Die Kutter hatten als Kriegsbeute drei Jahre auf Gotland gelegen, nun durften sie endlich wieder zum Fischen benutzt werden. Außerdem gab es Befehle, Fischer anzusiedeln und die Sassnitzer Hafenanlagen nutzbar zu machen. Die neu anzusiedelnden Fischer, die es vorher in dieser Menge auf Rügen nicht gab, waren zumeist Flüchtlinge aus Ostpreußen oder Hinterpommern. Damit hatte man Männer bekommen, die die Ostsee kannten und in ihrem früheren Leben vor dem Krieg ebenfalls als Fischer gearbeitet hatten. Damit ging es los. Im ersten vollständigen Fangjahr 1949 wurden 2.000 Tonnen Fisch in Sassnitz angelandet, im besten Sassnitzer Fangjahr 1975 waren es 66.000 Tonnen.

In Rostock begann der Fischfangbetrieb etwas später. Ab 1950 wurden hier Fischfänger von ihren frischen Lasten befreit. Die Voraussetzung dafür war u. a. auch die Zerstörung und Demontage von kriegswichtiger Industrie. Im Rostocker Fall waren es die Heinkel Flugzeugwerke, die eine Trümmerfläche hinterließen, auf der ab 1950 die Hafenanlagen für den Rostocker Zweig der DDR-Fischindustrie wuchsen. Später teilte man den beiden Hafen Rostock und Sassnitz und ihrem zugehörigen industriellen Hinterland die Fischgründe zu. Man teilte in Weitreisende, die in Rostock anlegten, und Nahreisende (also Ost- und Nordseefischer), die weiterhin nach Sassnitz zum Abladen fuhren. In Rostock wurden im dortigen ertragreichsten Jahr 1971 223.000 Tonnen Fisch angelandet.

Der Fischfang entwickelte sich, aus schlichten Anfängen wurde eine Industrie. Diese Industrie veränderte auf der einen Seite die Fangmethoden und auf der anderen die Verarbeitung, die Veredelung des Endproduktes. Auch die Rostocker und Sassnitzer Fischfangdirektoren wussten, das es letztlich auf Effizienz ankommt. Auf der einen Seite, der Absatzseite, entwickelte man neue Produkte, »kühle« Transportwege und eine möglichst hohe Ausbeutung der angelandeten Mengen, auf der anderen Seite suchte man in den Weltmeeren nach neuen ergiebigen Fanggründen und verbesserte die Technik, um Fische zu überlisten, ständig. Im Prinzip fiel die Zeit

Fanggebiete der DDR-Fischerei

1950: Ost- und Nordsee

1951: zusätzlich erste Reisen in die Barentssee

1952: Ost- und Nordsee, Barentssee, Island

1953: Ost- und Nordsee, Barentssee, Island, Bäreninseln, Norwegische Küste

1958: Ost- und Nordsee, Barentssee, Island, Bäreninseln, Norwegische Küste, Grönland, Neufundland, Irische See

1962: Ost- und Nordsee, Barentssee, Island, Bäreninseln, Norwegische Küste, Grönland, Neufundland, Irische See, Labrador

1964: Ost- und Nordsee, Barentssee, Island, Bäreninseln, Norwegische Küste, Grönland, Neufundland, Irische See, Labrador, Nord-West-Afrika

1966: Ost- und Nordsee, Barentssee, Island, Bäreninseln, Norwegische Küste, Grönland, Neufundland, Irische See, Labrador, Nordmeer, Afrika, Georgesbank

1967: Ost- und Nordsee, Barentssee, Island, Bäreninseln, Norwegische Küste, Grönland, Neufundland, Irische See, Labrador, Nordmeer, Afrika, Georgesbank, Biskaya-Westkanal, Mischreisen

1968: Ost- und Nordsee, Barentssee, Island, Bäreninseln, Norwegische Küste, Grönland, Neufundland, Irische See, Labrador, Nordmeer, Afrika, Georgesbank, Biskaya-Westkanal Mischreisen, Südamerika

1971: Ost- und Nordsee, Barentssee, Island, Bäreninseln, Norwegische Küste, Grönland, Neufundland, Westbritische Gewässer, Labrador, Nordmeer, Afrika, Georgesbank, Biskaya-Westkanal, Mischreisen, Südamerika, Neuschottland/Neuengland

1973: Ost- und Nordsee, Barentssee, Island, Bäreninseln, Norwegische Küste, Grönland, Neufundland, Westbritische Gewässer, Labrador, Nordmeer, Afrika, Georgesbank, Biskaya-Westkanal, Mischreisen, Südamerika, Neuschottland/Neuengland, Pazifik

1976: Ost- und Nordsee, Barentssee, Island, Bäreninseln/Spitzbergen, Norwegische Küste, Grönland, Neufundland, Westbritische Gewässer, Labrador, Nordmeer, Kapytow Bank, NW-Afrika, SW-Afrika, Mosambik, Georgesbank, Biskaya-Westkanal, Mischreisen, Südamerika, Neuschottland/Neuengland, Süd-Atlantik, Kanada, USA-Schelf, Indischer Ozean => damit hat die Hochseefischerei ihre größte Ausdehnung an Fangplätzen erreicht

1977: mit Festlegung der 200-sm-Wirtschaftszonen beginnt zusätzlich zum eigenen Fischfang der Fischtausch als Vorstufe zum Fischkauf

der Entdeckung der Weltmeere als gigantische und schnell nutzbare Nahrungsmittelressource in die Zeit von 1945 bis etwa 1955. Dies galt für viele Nationen. Auch die DDR-Fischfangindustrie fuhr mit einer stets wachsenden Anzahl an Fangschiffen über die unermesslichen Weiten der Ozeane, entdeckte neue Fanggründe und fischte immer mehr. Der enorme Fischreichtum der Ozeane erforderte allerdings zunehmend neue Fangtechnologien, um die anfänglichen Steigerungen der Fangmengen durch die ostdeutschen Fischer aufrechtzuerhalten. Außerdem benötigen auch Fische genügend Zeit, um sich fortzupflanzen und aufzuwachsen. Nachdem sie dazu in der Ostsee weniger Zeit hatten, dünnte diese – fischmäßig gesehen – aus. Die Fischer fuhren also weiter, zuerst in die Nordsee, dann auf den Atlantik und schließlich gab es kaum einen noch so entfernten Fischgrund, der nicht von den Booten aus Rügen und Rostock befahren wurde. Gleichzeitig wurden die Netze größer und die Maschen fester. Die zu dieser Zeit ebenfalls gewaltig wachsende Chemieindustrie mit ihren Kunstfasern hat ebenso einen großen Anteil an dem dramatischen Leerfischen der Weltmeere geliefert. Und dann noch die Wissenschaft. Alles zusammengenommen verdient die Bezeichnung: umwälzende Entwicklungen. Wo früher ein Kapitän seine Nase in den Wind gehalten hatte, um danach zielsicher die Netze auswerfen oder einholen zu lassen, da machten nun Wissenschaft, Erkundungsfahrten und immer größere Netze explosionsartige Ertragssteigerungen möglich. Die Fische vertrugen das nicht so gut.

Neben dem Rückgang der Gesamtmengen in den Meeren wurden ab den 70er-Jahren die Hoheitszonen der Länder ausgeweitet. Fremde Fischer durften auf einmal vor Island oder vor Kanada nicht mehr fischen – es sei denn im Auftrag der dortigen Fischfangindustrie. Für die DDR-Fischerei war um 1970 der Höhepunkt erreicht und im gleichen Augenblick auch überschritten. Die sinkenden Fangmengen danach sind nicht ideologisch begründbar. Sie hatten durch die Ausweitung der Hoheitsgewässer eine politische Ursache und die spürbare Abnahme der Fischbestände eine biologische. Mit diesen Schwierigkeiten hatten alle großen Fischfangnationen gleichermaßen zu kämpfen. Und eine solche war die DDR bis zu dieser Zeit geworden.

Einen großen Beitrag zu dieser Entwicklung lieferten die neuen technologischen

Seite 22 I Matrose Karl-Heinz Gubick flickt ein kaputtes Netz. An Bord ist noch alles Handarbeit

I Anlegen an die Mastanlage

Abläufe auf den Meeren, die gewaltigen Netze und die großen Verarbeitungsschiffe. Der frische Fang wurde durch den Einsatz dieser »Fabriken auf dem Meer« nicht mehr ewig lange zu den Heimathäfen transportiert, sondern schon auf dem offenen Meer verarbeitet, filetiert und »eingebüchst«. Zunächst schwamm die DDR der großen Siegermacht Sowjetunion einige Jahre lang hinterher. Die Kieler Howaldtswerke lieferten nämlich bereits 1953 (!) das erste Fang- und Verarbeitungsschiff an die UdSSR aus. Erst sieben Jahre später, 1960, lief dann das erste von der Matthias-Thesen-Werft in Wismar gebaute Schiff dieser Klasse für die DDR auf Jungfernfahrt aus – u. a. nach Westafrika, nach Labrador und Westgrönland. Neben dem ökonomischen Effekt, den diese Schiffe verursachten, da sie viel länger in den Fanggründen bleiben konnten und ihre Fänge frischer als frisch verarbeiteten, änderte sich auch das seefahrende Personal. Während über Deck weiterhin Seeleute und Fischer ihre Arbeit verrichteten, arbeiteten unter Deck »ganz normale Produktionsarbeiter« – allerdings unter harten Bedingungen und gegen gute Bezahlung. Die Schiffe waren wesentlich größer geworden, die Besatzungen umfangreicher, die Fahrten län-

Seite 24 ▍ Manche Arbeiten auf den Fischfängern ändern sich nur selten – Karl-Heinz Gubick beim Netztflicken

▍ Schildmakrele, Mittelmeermakrele, Seebrasse, Katfisch, Heringskönig

ger – 90 Tage dauerte die Regelfahrt. Inzwischen wurde eine nächste Generation Fischereischiffe entwickelt und gebaut. Neben einem größeren Verarbeitungsschiff »grasten« kleinere Fangschiffe die Fischgründe ab und übergaben die gefüllten Netze ohne sie aufzuholen auf offenem Meer an ihr »Mutterschiff«. Das holte sie ein, während Fänger mit frischem Netz wieder ausfuhren.

Da man sich in den Fanggründen mit anderen Fischereinationen traf – teilweise hatten die Fischer Schwierigkeiten, ihre Netze so ins Wasser zu bekommen, dass kein anderer Fischer dabei gestört wurde –, war der »plötzliche« Rückgang an fangbaren Fischen in den einfach zugänglichen Gewässern ganz natürlich.

Doch die Dichte der Fischer aus vielen verschiedenen Nationen in gleichen Gewässern führte nicht zu kriegsähnlichen Zuständen. Natürlich fischte da der Konkurrent, aber er arbeitete ebenso hart und er litt ebenso unter Wind und Wetter wie man selbst. Man achtete sich und erkannte einander an, fast wie im Sport.

Die ungehinderten Massenfischereizeiten sind vorbei. Die Fischerei ist weltweit stark reglementiert. Wer fischen will, braucht Küstenlängen, Quoten und natürlich große Flotten. Auch wenn die Menge an weltweit angelandetem Fisch inzwischen auf weit über 100 Millionen Tonnen gestiegen ist, so stammt doch inzwischen bereits jeder dritte frische Fisch aus Farmen und nicht mehr aus der wilden stürmischen See.

DIE (ERSTEN) SCHIFFE KOMMEN

Auf einmal gab es da ein Stück Land, ohne Hauptstadt, mit schuldiger Vergangenheit und anfangs völlig ohne Schiffe. Fast alles, was bis 1945 noch übers Meer fuhr, lag nun auf Grund oder Land und gehörte neuen Eigentümern, den Siegermächten. Ein paar kleine, alte und kriegsuntaugliche Küstenfischerboote gab es noch. Von hochseetauglichen Fischkuttern waren diese Wassergefährte Jahrhunderte entfernt: Mittelalter in der Mitte des modernen Europas, dazu ein vermintes Meer mit versenkten toten Schiffen ohne Leben, aber voller Munition. Die Einfahrten in die Häfen waren in der Regel blockiert, wie auch die wichtigsten Seefahrtsstraßen.

Die wenigen Boote in der sowjetischen Zone fischten für die Besatzungstruppen und zur Lieferung an die hungernde Bevölkerung. Die östliche Besatzungsmacht hatte grundlegend andere Vorstellungen sowohl vom Umgang mit den Besiegten wie auch mit den ökonomischen Ressourcen als ihre westlichen Alliierten. Kontrolle, Lenkung und Leitung standen schon am Beginn der Nachkriegszeit im Osten Deutschlands im Vordergrund jeglicher Entwicklung. Das galt natürlich auch für den Schiffbau.

Die kleinen, militärisch uninteressanten Fischerboote fuhren unter sowjetischer Aufsicht – also mit Soldaten an Bord – aufs Meer und lieferten jedes Gramm Fisch ab. Neben dieser Art Fischfang auf »privater Basis« legte die Besatzungsmacht den Grundstein für »richtigen« Fischfang in Großbetrieben.

Drei Jahre nach Kriegsende, 1948, wurde der »VEB Ostseefischerei« gegründet. Seine ersten Schiffe waren zwölf Kutter, die die sowjetische Besatzungsmacht freigab. Auf Anweisung des deutschen Wirtschaftsrates (in dem alle Siegermächte vertreten waren) wurden weitere Kutter neu gebaut bzw. aus den westlichen Zonen angekauft. Als Heimathafen für die volkseigene Fischereiflotte wurde Sassnitz bestimmt. Dahinter stand ein Gesamtkonzept beginnend beim Fang der Fische über das Anlanden der schnell wachsenden Fangmengen bis hin zur Verarbeitung – die erste Räucherei wurde 1950 in Betrieb genommen, die erste Konservenlinie 1952 – und der Auslieferung in den dicht bevölkerten Süden des neuen Landes.

Der eigene ostdeutsche Schiffbau arbeitete seit 1945 ununterbrochen – wenn auch in zerstörten Betrieben – an Reparationsleistungen für die sowjetische Besatzungsmacht. Da blieb für den Eigenbedarf anfangs nicht viel übrig. Dieser grundlegende Unterschied zwischen den ost- und den westdeutschen Startbedingungen muss immer beachtet werden, wenn über die deutsche

geteilte Geschichte auch des Schiffbaus, der Werftenindustrie gesprochen wird. Auf der einen Seite Siegermächte mit riesigen, großteils unzerstörten Werften (England, USA), die auf voller Kriegsproduktion liefen und über gewaltige Kapazitäten verfügten, auf der anderen Seite eine Siegermacht, deren eigenes Hinterland ebenfalls weitestgehend zerstört war und die aus dem »Beutestück« ökonomische Leistung beziehen wollte. Dort im Westen arbeiteten die bestehenden Werften an neuen Schiffen für Fischerei und Seefahrt, hier im Osten an Reparationsleistungen für den Sieger. Bis 1954 leistete die DDR Reparationen überwiegend als Abgaben aus der laufenden Produktion an die Sowjetunion. Im Schiffbau z. B. wurde die komplette Produktion – bis 1954 – abgeliefert. Während die drei westlichen Siegermächte die an sie gezahlten gesamtdeutschen Reparationsleistungen mit 500 Millionen US-Dollar bewerten, wurde an die vierte Siegermacht ein Wert von ca. 15 Milliarden US-Dollar an Repara-

Seite 28 ❙ Im Oktober 1959 wird das DDR-Staatswappen auf der schwarz-rot-goldenen Fahne angebracht, allerdings erst als Handelsflagge in der oberen Ecke und nicht in der Mitte

❙ Die Zookiste schützte bei Monsunregen an Deck

tionsleistung geliefert. Vormals militärisch genutzte Werften wie die Peenewerft behielten ihr Produktionsprofil und arbeiteten jetzt ausschließlich für die Siegermacht, andere wie die Werft in Stralsund bauten vorrangig Fangschiffe und die beiden größeren Betriebe Rostock und Wismar bauten anfangs ihre Neubauschiffe ebenfalls ausschließlich als Reparationsleistungen. Die Fischer bekamen einige gebrauchte und bald auch neu gebaute Fahrzeuge zugeteilt: anfangs Kutter, später die etwas größeren Logger, nur die Handelschifffahrt musste auf ihre neuen eigenen Schiffe etwas länger warten.

Die DDR war inzwischen gegründet worden, fast gleichzeitig mit ihr die DSU, die eigentlich für die Binnenschifffahrt zuständig war, und diese wiederum begann wie erwähnt am 13. Oktober 1950 mit einem knapp 50 Jahre alten, eben neu aufgebauten Handelsschiff, der »Vorwärts«, den Betrieb. Der 1952 gegründete VEB Deutsche Seereederei (DSR) übernahm die »Vorwärts« und auch die »Fortschritt« als Gründungsgabe für den Aufbau einer Handelsreederei. Bis 1954 dampften beide brav im Dienst. Dann wurde die »Fortschritt« an den Bergungsdienst übergeben. Die »Vorwärts« erlitt einen größeren Kesselschaden und das Schiff wurde in Rostock als Pionierschiff stillgelegt und leider 1988 rückstandslos entsorgt (verschrottet). Damit verschwand einer der letzten deutschen Dampfer. Heute würden sich die Schiffsmuseen die Finger nach einem derartigen Stück bewahrter Industriekultur lecken – doch die Abwracker waren wieder einmal schneller.

Nun, 1954, gab es also eine Reederei, aber keine Schiffe. Einen Beschluss, dass Schiffe gebaut oder gekauft – auf alle Fälle in Dienst gestellt werden sollten –, gab es schon länger. Schon zu Beginn der DDR lagen demzufolge große Zeiträume zwischen vernünftigen Beschlüssen und deren Realisierung. Ein Zustand, der oft damit einherging, dass die Beschlüsse in der Umsetzungsphase dann relativ veraltet waren.

Man baute im Osten Deutschlands also Schiffe, das ja, aber die schwimmenden Einheiten gingen an die Sowjetunion. Die ostdeutsche Seefahrt brauchte aber ebenfalls Schiffe. Anfangs behalf man sich mit Ankäufen von alten Schiffen, ab 1957 wurden dann die ersten eigenen, auf den ostdeutschen Werften neu gebauten Schiffe in Dienst gestellt. Grund war der immens gestiegene Transportbedarf, der

Seite 30 I Das Typ-IV-Schiff »Freundschaft« war noch nicht mit einer Klimaanlage ausgestattet, daher schliefen die Seeleute in tropischen Gebieten meistens an Deck

I Die »Stralsund« läuft in den Hafen von Helsinki ein. 1956 wurde der Liniendienst zwischen Rostock und Finnland eröffnet. Der Holztransport war ein wesentlicher Aspekt dieser Linie

WILHELM PIECK

sich jetzt eigenständig entwickelnden ostdeutschen Volkswirtschaft. Neben der Ausfuhr eigener Güter – auch Ostdeutschland gehörte zu den Industrieexportländern – mussten im Gegenzug Rohstoffe eingeführt werden. Daneben fuhr man als Dienstleister für Dritte und schließlich gab es auch noch Aufgaben politischer Natur zu lösen. Diese drei Gründe waren also der Antrieb für die Entwicklung einer eigenen Seereederei. Zu den ersten beiden Antrieben muss kaum etwas hinzugefügt werden. Der dritte, der politische, war z. B. mit solchen Schlagworten wie der Kubakrise begründet. Die politische Isolierung einzelner Staaten wie eben Kuba, später Vietnam oder Angola durch die Amerikaner mit ihren Verbündeten führte dazu, dass die Sowjetunion wiederum gemeinsam mit ihren Verbündeten diese Staaten im Weltgetriebe hielt – u. a. durch Handelsbeziehungen. Dazu leistete die DDR zunehmend ihren Anteil. Aus dem niedergerungenen Kriegsgegner, dem Land der Reparationsleistungen, wurde ein ökonomischer Mitstreiter, dem man zwar mit Misstrauen begegnete, der aber trotzdem ordentlich nützlich wurde.

Dies alles schlägt sich natürlich auch in der reinen Zahlenstatistik nieder. Die Transportleistungen stiegen rapide, die Anzahl der in Dienst gestellten Schiffe ebenfalls. Nach 1957 begann eine relativ kontinuierliche Entwicklung der Schifffahrt. Bis dahin betrug die Tragfähigkeit aller sieben DSR-Schiffe zusammen 21.000 tdw (tons dead weight/Tragfähigkeit in Tonnen bzw. Wasserverdrängung der voll beladenen Schiffe), allein in den nächsten sieben Jahren wurde die Transporttonnage um stolze 350.000 tdw aufgestockt.

In diesen Zeitraum fällt noch ein entscheidendes Datum für die deutsche Nachkriegsgeschichte: die Schließung der innerdeutschen Grenze und der Bau der Mauer im August 1961. Sechzehn Jahre nach Kriegsende war damit die in Jalta und Potsdam vorbereitete Teilung Deutschlands, die im direkten Zusammenhang mit der immer stärkeren Teilung Europas und der Welt stand, vollzogen. Neben ökonomischen Zwängen und dem Verweis auf die starke Abwanderung von Fachkräften, welche die DDR betrafen, hatte diese Grenzziehung für die vier Siegermächte nur Vorteile. Der planerische Schauplatz

Seite 32 I Das Segelschulschiff »Wilhelm Pieck« läuft erstmals am 30. April 1954 im Hafen von Greifswald ein

I Die Logger gehörten zu dem am häufigsten gebauten Schiffstyp in der DDR, da aus der Loggerreihe der Großteil der Schiffe als Reparationszahlungen an Russland geliefert wurde.ROS 131 »III. Weltfestspiele« wurde 1951 in Dienst gestellt und u. a. zum Heringsfang in der Nordsee eingesetzt

für den nächsten Weltkrieg war praktischerweise in zwei (Interessen-)Gebiete aufgeteilt. Auf jedem der beiden Gebiete stellte die jeweilige Seite ihr Kriegs(spiel)material auf, und dann begannen sie abzuwägen, auszumessen und auszutarieren.

Diese innerdeutsche Grenzziehung hatte natürlich auch für die ostdeutschen Seefahrer – egal ob Fischer oder Handelsmatrose – große Auswirkungen. Sie alle gehörten plötzlich zu der ziemlich kleinen Spezies, die »raus« konnten. »Plötzlich« ist auch hier ein relativer Begriff. Für die Seeleute auf dem grenzenlosen Meer kam die Berliner Mauer nicht so »plötzlich« und »heftig« wie für die Bewohner der Berliner Invalidenstraße. Mancher stieg vom Schiff ab, in Marokko, Amsterdam oder wo er eben gerade war, andere blieben, sie hatten Familie oder eben einfach eine gewisse Heimatstetigkeit – der Mensch ist eben sehr verschieden. Zum Glück!

PUZZELN AUF DEN WELTMEEREN

Wie fast alle Dinge im Leben, so bedurfte auch die entstehende ostdeutsche Schifffahrt und Fischerei natürlich einer gewissen Struktur und eines stabilen Funktionsgerüstes, damit alles seinen »schwankenden« Gang ginge. Insgesamt musste ein recht umfangreicher Arbeits- und Lebensbereich abgedeckt werden. Das begann bei den seefahrenden Geräten, Hafenanlagen und landwärtige Transportwege waren notwendig, eine Handelsstruktur wurde dringend gebraucht, Ausbildungsmöglichkeiten mussten geschaffen, Geldgeber gefunden werden – eben alles, was zu einem kompletten Industriezweig dazugehört.

Die Entstehungsbedingungen wurden von zwei wesentlichen Gegebenheiten (andere

ROS 224 „Görlitz" ist ein Trawler des Typs III

❙ Das Haus der Hochseefischer in Rostock – ein komfortables Betriebshotel für die Fischer, die im Heimathafen ihre Zeit verbringen mussten – 1959 eröffnet

nennen es Tatsachen) bestimmt: vom verlorenen Krieg mit anschließender Teilung des Verliererlandes und der Ausrichtung der jeweiligen Siegermacht. Die Ökonomie der Sowjetunion war völlig anders ausgerichtet als die der westlichen Siegermächte. Ihre Besonderheit bestand in einer zentral gelenkten und gesteuerten Wirtschaft. Das traf insbesondere auf Felder zu, in denen selbst die einfachsten Strukturen erst geschaffen wurden mussten, da es diese vorher so nicht gegeben hatte. Der Großteil dessen, was mit der Seefahrt in Zusammenhang stand, musste im Ostteil Deutschlands gänzlich neu erschaffen werden. Und das geschah von vornherein nach den Vor-

Seite 37 ❙ Mithilfe des Sextanten wird die Sonne »geschossen«, um die genaue Schiffsposition zu bestimmen

stellungen der sowjetischen Siegermacht. Während die sächsische Textilindustrie wie auch große Teile des dortigen Maschinenbaus anfangs durchaus privatwirtschaftlich wachsen konnten, traf das für all jene Zweige, die neu entstehen mussten, nicht zu. Die ostdeutsche Seefahrt wuchs also von Beginn an innerhalb staatlich geführter Großbetriebe heran. Diese staatliche Regelung und Kontrolle begann an Land bei den Häfen, wobei besonders Rostock, Wismar und Stralsund eine bedeutende Rolle spielten. Die großen Werften, die in Wismar, Stralsund und Rostock aus Trümmern entstanden, waren ebenso staatlich und auch die Deutsche Seerederei gehörte natürlich keinen privaten Geldgebern, sondern dem Staat. Auch im Bereich der Fischerei entstanden einige wenige Großbetriebe, in denen alle Aufgaben konzentriert wurden, die mit dem jeweiligen Metier zusammenhingen. Es gab eine Flotte mit eigenen Verarbeitungskapazitäten – also auch Konservenfabriken – und einen staatlichen Großhandelsbetrieb, der für den Einkauf von Fisch für die DDR-Bevölkerung ebenso zuständig war wie später für die Verteilung der eigenen Fänge. Dazu entstand ein Handelsnetz, welches wiederum bis in den letzten Erzgebirgsflecken, sogar bis in den vogtländischen Musikwinkel reichte.

Diese gesamtstaatliche Organisation und Kontrolle hatte für die direkte Nachkriegsentwicklung sicher viele Vorteile. Es gab für jeden der Industriezweige ein einheitliches Ziel und eine geschlossene Führungsriege. Der Weg zu den großen Kombinaten, egal ob Fischfang, Fischverarbeitung, Werften oder Reedereien,

begann weitestgehend aus dem Stand und weniger auf der Basis ehemaliger enteigneter Privatbetriebe. Fast ohne Tradition und tiefer reichende Wurzeln entstanden hier Industriezweige, die von ihrem Beginn an sehr staatlich, sehr dirigistisch geleitet wurden – mit allen Vor- und Nachteilen, die solche Staatsbindung mit sich bringt.

Die Vorteile sind sicher darin zu finden, dass das »große« Ziel mit voller Kraft angesteuert wurde. So wurde die Schiffsentwicklung wie auch die Erkundung der Fischbestände oder die wissenschaftliche Begleitung von Fang und Verarbeitung jeweils mit allen vorhandenen Kapazitäten betrieben – es steckte also hinter jeder Entscheidung eine große ökonomische Macht.

Seite 38 I Anlässlich der Ostseewoche besuchte Walter Ulbricht am 13. Juli 1970 das Fischkombinat Rostock, hier nimmt er die Meldung des Kapitäns entgegen

I Blick auf den Fähranleger Sassnitz–Trelleborg. Die Königslinie wird weitergeführt, jedoch dürfen DDR-Bürger den Fähren nur beim Abfahren zusehen

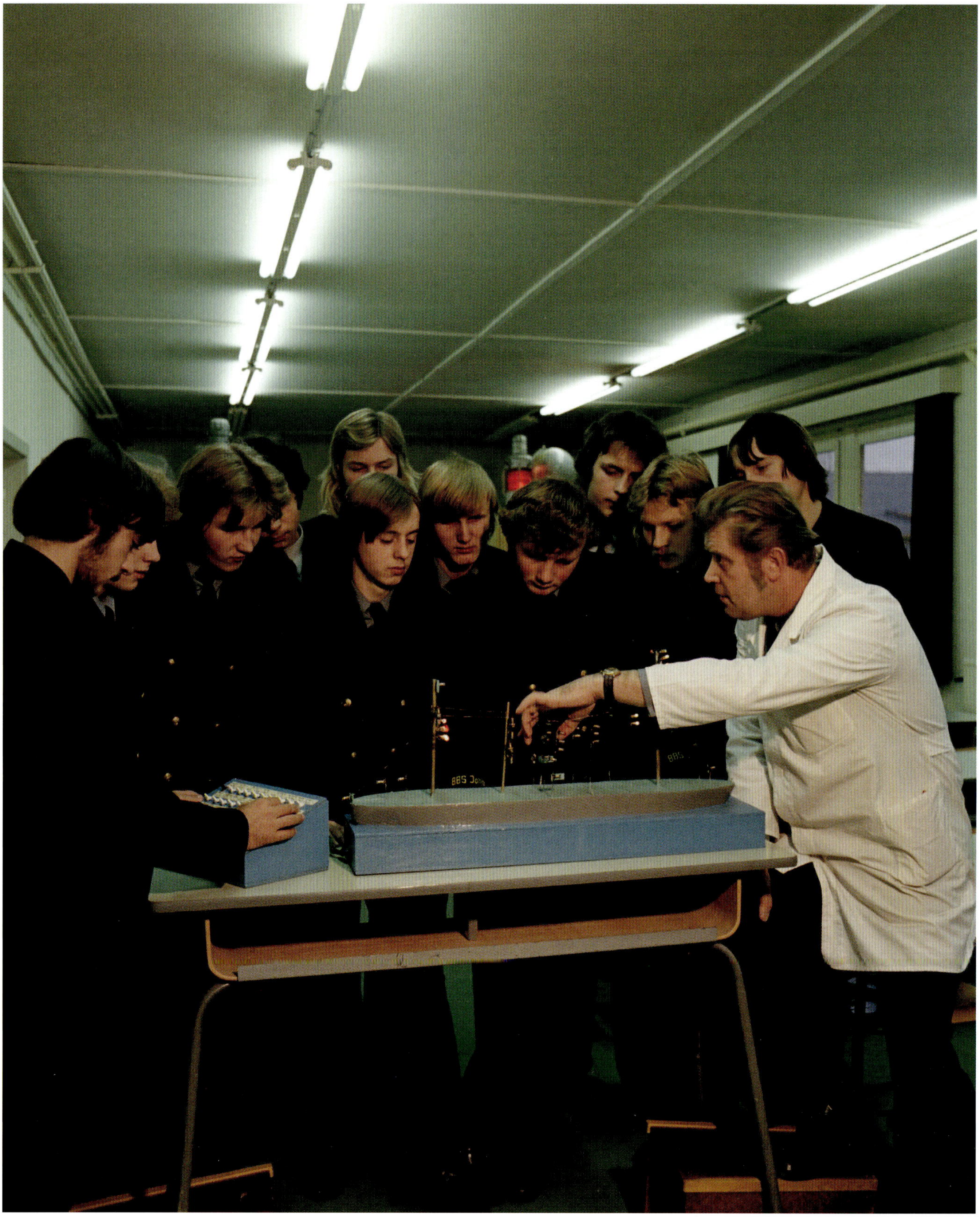

Die Nachteile dieser Konzentration liegen in der fehlenden kritischen »Berichtigung« durch die reale Ökonomie. Auf wichtige Grundregeln des Wirtschaftslebens wurde keine Rücksicht genommen, wenn es politisch »besser« erschien. So wurde z. B. der Preis für Frischfisch über alle Jahre hinweg stabil gehalten, und das auf einem derartig niedrigen Niveau, dass schon ab Mitte der 70er-Jahre aus dem lukrativen Industriezweig Fischfang ein Minusgeschäft wurde. Dieses Festhalten an unrealistischen Preisen – Fisch galt für die damaligen Entscheider als Armeleuteessen und musste deshalb unter dem Fleischpreis bleiben – endet dann mit einem »Totalverlust«.

Bevor es so weit war, gab es allerdings eine Erfolgsgeschichte, eine Nachkriegsentstehungs- und Aufbaugeschichte, die in ihrem Bereich einmalig ist. Einmalig in zweierlei Hinsicht: Zum einem war die Zeit, in der sich die ostdeutsche Fischerei wie auch die ostdeutsche Seefahrt an Mecklenburgs Küste entwickelten, extrem kurz, zum anderen hatte die dort entstandene Wirtschaft am Ende eine Größe erreicht, dass sie weltweit zu den führenden zählte.

Seefahrt wurde notwendig, also wurde ein Seefahrtsbetrieb gegründet. Schiffe wurden benötigt, also wurden sie angekauft oder gebaut. Matrosen, Seemänner und Kapitäne mussten her, also wurden sie ausgebildet oder (anfangs) angeworben.

Rings um dieses großflächige Gerüst gab es noch eine Vielzahl kleinerer »Einheiten«, die alle der beginnenden Seefahrt zu dienen hatten. Da waren z. B. die Schiffszubehörlieferanten, die von der Seeverpflegung bis zu den Tauen für all jene tausend Dinge zuständig waren, die für den Augenblick immer unwesentlich erscheinen, in ihrer Gesamtheit aber unendlich wichtig werden.

Zu den benötigten Strukturteilen gehört ohne Frage die Ausbildung – sie steht logischerweise sogar am Beginn einer jeden Entwicklung. Die Seemannsausbildung für den Ostteil Deutschlands begann per Beschluss Anfang der 50er-Jahre. 1951 wurden die ersten Lehrlinge eingestellt – allerdings verstreut auf verschiedene Schifffahrtsbetriebe wie beim Seehydrografischen Dienst, beim Fischkombinat Rostock, an Bord von Schiffen der Technischen Flotte und bei der DSR selbst. Nicht

Seite 40 I Lehrlingsausbildung im Fischkombinat Rostock

I Blick auf den Schornstein mit Kombinatsemblem auf dem Fang- und Verarbeitungsschiff »Bodo Uhse«

alle Lehrlinge hielten bis zur Matrosenprüfung durch. Von den etwa 80 Anfängern haben schließlich 24 die Ausbildung 1953 erfolgreich beendet. Man begann gleich mit einer zweiten Ausbildungsmannschaft, dann einer dritten – und spätestens zu diesem Zeitpunkt, etwa 1956, war allen Verantwortlichen klar, dass der Flottenausbau der Handels- und Fischereibetriebe nur mit entsprechendem Personal und einer besseren Ausbildung zu leisten sein würde. Die Ausbildung bekam also einen höheren Stellenwert und sie wurde auf sehr neue Art und Weise durchgeführt: an Bord von insgesamt vier Fracht- und Lehrschiffen, der »Heinrich Heine«, der »Theodor Körner«, der »J. G. Fichte« und der »Georg Büchner«. Bis Ende der 70er-Jahre wurden die seemännischen Lehrlinge im direkten Schiffsbetrieb theoretisch und praktisch ausschließlich an Bord »normal« fahrender Schiffe »gelehrt«.

Für die Hochseefischer war die Ausbildung ähnlich »praxisbezogen«. Vom gesamten ersten Jahrgang konnte nur ein Drittel die theoretische Ausbildung auf der Schulbank beginnen, die anderen zwei Drittel fuhren entweder sofort auf den Fischerbooten hinaus zur Fischjagd oder wurden auf dem Netzboden »praktisch« ausgebildet. Erst später fand das neue Ausbildungssystem zu einer Mischung aus Theorieausbildung in der Schule und praktischem Lernen auf See.

LINIENDIENST AUF MEERESWEGEN

Von den alten Griechen sind uns besonders Geschichten über ihr Leben am Meer und ihre ausgeprägten Handelsfahrten und Kriegszüge bekannt. Bis zu zehn Jahre dauerten die Ausfahrten der damaligen Seeleute, so zumindest lesen wir die Fakten in den griechischen Berichten …

Auch im Osten Deutschlands, aus dem langsam ein eigener Staat wurde, erinnerte man sich notwendigerweise des Handels. Handel braucht Waren, die verhandelt werden können. Und dann benötigt man Wege und Transportmittel. Nachdem ein Teil der landesinneren Transportwege abgebaut worden war, begann nun auf den Resten neues Handelsleben. Inzwischen war klar, dass die traditionellen deutschen Verladungsorte, die großen Häfen, außerhalb des kleinen neudeutschen Staates lagen, und dass dieser Zustand wohl länger andauern würde. Also baute man einen großen neuen Überseehafen – Rostock – und eine neue Handelsflotte auf.

I In Tripoli werden Schaffelle auf den Stückgutfrachter »Schwarza« verladen

I 1958 konnte der VEB Steckenpferd u. a. durch die Übererfüllung des Exportplans so viel konvertierbare Westwährung erwirtschaften, dass es möglich war, dringend benötigte Schiffe zu kaufen, eines davon war die MS »Stubbenkammer«

Seite 45 I 1986, der Eisbrecher hält, wie in jedem Winter, die Fahrrinne im Bottnischen Meerbusen frei

Die ersten Schiffe der neuen Flotte waren klein und in der Regel alt, der Linienverkehr von Rostock noch völlig neu. Das Meer vor der Tür hieß Ostsee und folglich führten die ersten Handelslinien über dieses nördliche Randmeer. Finnland war, natürlich nach den Seehäfen des sowjetischen Staates, eines der ersten Ziele und auch die Häfen des östlichen Nachbarn wurden angesteuert. Schnell verlängerten sich die Handelswege, sie verließen die kleine Ostsee und weiteten sich in einer ersten Etappe über die Nordsee bis ins Mittelmeer aus. Ab 1957 wurden große, moderne Transportschiffe in Dienst gestellt, mit denen man sehr viel mehr laden und weiter fahren konnte. Lag die Tragfähigkeit des ersten ostdeutschen Schiffes, der »Vorwärts«, noch bei 1.250 tdw, so waren die ersten neu gebauten Schiffe, die ab Herbst 1957 in Dienst gestellt wurden, schon mehr als zehnmal so groß. Sie verfügten über eine Tragfähigkeit von jeweils 13.000 tdw.
Besonders kompliziert waren diese ersten Jahre bis 1957 aufgrund der Ungewissheit, die über den deutschen Staatsgebilden lag. So fest an der Seite der jeweiligen Verbündeten, wie es im schnellen Nachgeschichtsgang behauptet wurde, standen die beiden deutschen Kriegsverlierer noch

ISBJØRN

Liniendienste der DSR mit Stand von 1980

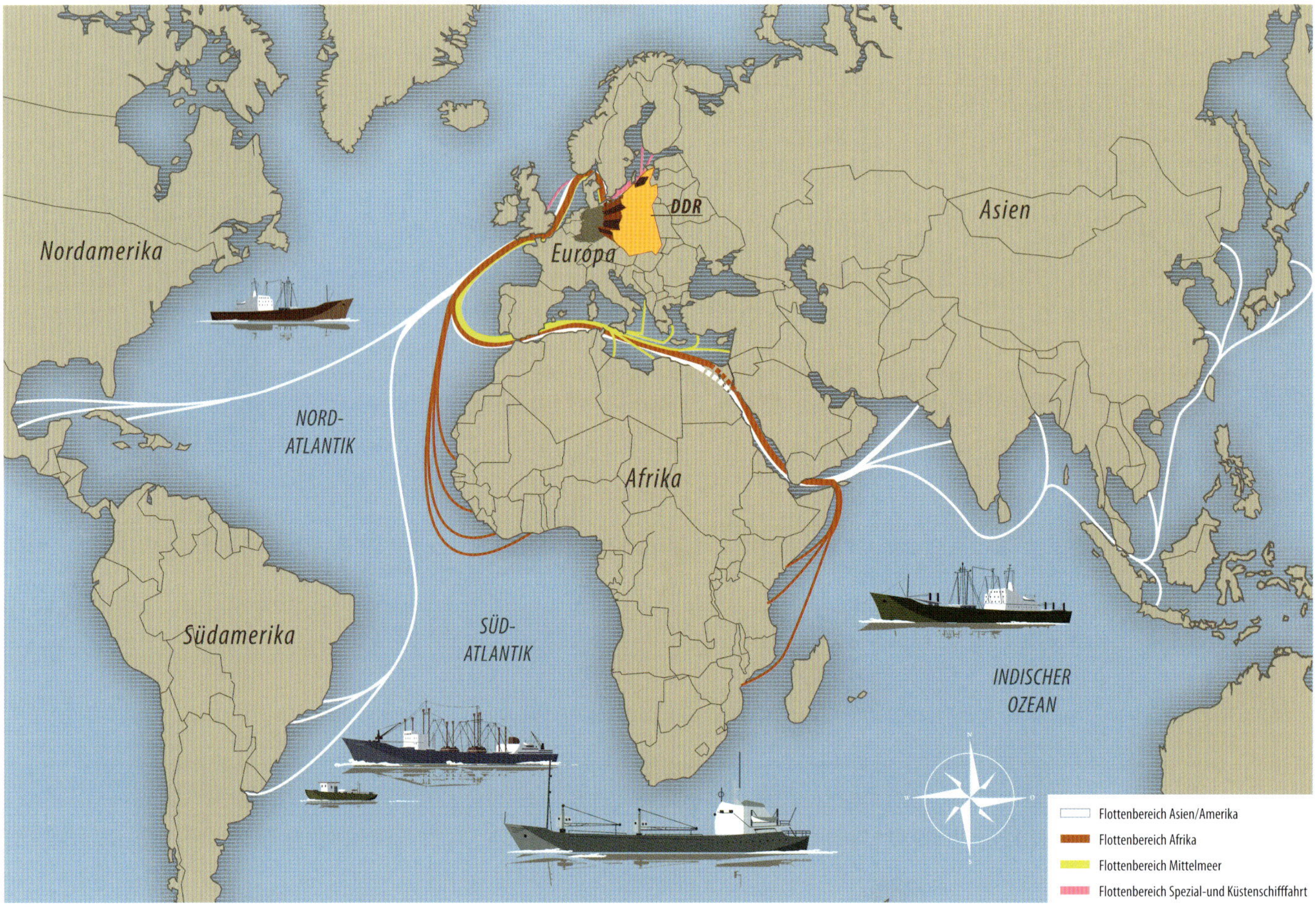

Liniendienste des Flottenbereichs Asien/Amerika:

1. **Ferner Osten:** Hongkong, Kobe, Yokohama, Bangkok
2. **Südostasien:** Penang, Port Kelang, Singapur, Jakarta, Surabaya
3. **China/Nordkorea:** Shanghai, Hügnam, Huangpu
4. **Vietnam:** Haiphong, Saigon
5. **Indien/Pakistan:** Karachi, Bombay, Cochin, Madras, Colombo, Kalkutta
6. **Persischer Golf:** Kuwait, Dammam, Dubai, Schardscha
7. **Südamerika (Ostküste):** Rio de Janeiro, Santos, Montevideo
8. **Kuba/Mexiko:** kubanische Häfen, Veracruz, Tampico

Liniendienste des Flottenbereichs Afrika:

1. **Rotes Meer:** Aqaba, Dschidda, Hodeida, Assab, Port Sudan, Aden
2. **Ostafrika:** Mombasa, Daressalam, Maputo, Beira
3. **Westafrika:** Dakar, Freetown, Monrovia, Takoradi, Tema u.a.

Liniendienste des Flottenbereichs Mittelmeer:

1. **Zypern:** Limassol
2. **Syrien:** Lattakia, Tartus
3. **Libanon:** Beirut
4. **Griechenland:** Piräus
5. **Libyen:** Tripolis, Bengasi
6. **Albanien:** Durres
7. **Algerien**
8. **Ägypten:** Alexandria

Liniendienste des Flottenbereichs Spezial-und Küstenschifffahrt

1. **Finnland:** Helsinki, Kotka, Rauma, Turku
2. **Lettland:** Riga
3. **England:** Hull, Tilbury, London, Gravesend, King's Lynn, Ipswich

Das Küstenmotorschiff »Satow« durchquert den Nord-Ostsee-Kanal. Dieser Schiffstyp (Kümo 299) wurde 1971 in Dienst gestellt und war eigens für den Stückguttransport im Nord-Ostsee-Verkehr vorgesehen

lange nicht. Handelsverträge, die auf Zukunft ausgerichtet sind, die lange Laufzeiten haben und die von einer langjährigen Stabilität der Partner ausgehen, mussten erst noch geschlossen werden. Beide Seiten mühten sich also um ein Image als stabiler und dauerhafter Staat, während man hüben wie drüben schon dabei war, den jeweils anderen nicht etwa an-, sondern abzuerkennen.

Der ökonomisch viel stärkere Westteil hatte bei diesem Spiel die besseren Karten. Allerdings wurde immer mal wieder neu gemischt und es gab eben Staaten wie Finnland oder auch Firmen in Holland und selbst in Hamburg, die aus gut gerechneten Geschäftsgründen mit dem ostdeutschen Seefahrtsneuling langfristige Verträge eingingen.

Eine Schwierigkeit auf Verwaltungsebene muss unbedingt noch erwähnt werden. Alle Seefahrer der DDR brauchten Reisepapiere. Da ihr Staat lange Zeit nicht anerkannt war, gab es in Westberlin das Allied Travel Office (ATO), eine alliierte Behörde, die Reisepapiere für staatenlose Bürger ausstellte. Jeder zukünftige ostdeutsche Seefahrer musste persönlich dort erscheinen

Seite 48/49 I Das Küstenmotorschiff »Dierhagen« kann nur hinter einem Eisbrecher den Bottnischen Meerbusen durchqueren

Seite 51 I Das Küstenmotorschiff »Arcturus« transportiert eine Ladung mit Wartburg-Fahrzeugen nach Finnland. Dies war Anfang der 60er-Jahre noch häufiges Frachtgut

Seite 52/53 I Die Ruhe vor dem Sturm: Der Atlantik zeigt sich von seiner stillen Seite

und einen Antrag auf einen Pass stellen. Ob dieser dann genehmigt wurde, lag im Dunkel der zwischenstaatlichen Beziehungen. Dass die Briten mit diesem wunderbaren bürokratischen Instrument ostdeutsche Schiffe am pünktlichen Auslaufen hindern konnten, dass man damit ökonomischen Schaden anrichten konnte, dass man der eigenen westeuropäischen Seefahrt gewaltige Vorteile verschaffen konnte, lag auf der Hand. Und natürlich wurden diese Möglichkeiten innerhalb der sehr freien Marktwirtschaft genutzt.

Neben der ostdeutschen Wirtschaft, die darunter litt, wenn ihre Waren nicht pünktlich beim jeweiligen Käufer ankamen, fand auch der betroffene Seemann, der in Westberlin anzutreten hatte, diese Bürokratenwillkür natürlich nicht schön: weder die konkrete Behandlung noch die häufig vorkommende Verweigerung, die mit einem weiteren Bittgang zur Behörde verbunden war, um dann doch noch eine Genehmigung zu erhalten. Die britischen Dokumente mussten anfangs übrigens zu jeder Fahrt erneuert werden. Sie galten lediglich für eine Reise.

Solche bürokratischen Hässlichkeiten sorgen einfach für Frust und schlechte Laune. Der Seemann, der diese Behandlung erdulden musste, hat mit Sicherheit nicht allzu viel vom »westlichen Demokratieverständnis« gehalten. Seine »Liebe zum ostdeutschen Vaterland« ist womöglich erst dank solcher Schikane so weit herangereift, dass er nur selten sein Schiff auf Nimmerwiedersehen in die westliche freie Welt verlassen hat. Die Liebe zur Heimat wächst eben in dem Maße, in dem man außerhalb schlecht behandelt wird. Viele Menschen und einige Pädagogen wissen um diesen Umstand.

Doch all den vielen Widrigkeiten zum Trotz entwickelte sich die ostdeutsche Seefahrerei. Ursprünglich war sie nur geplant – ins Leben gerufen worden –, um die eigenen Industriewaren zu den weltweiten, teilweise sehr fernen Kunden zu bringen und im Gegenzug die dringend benötigten Rohstoffe für die eigene Industrie anzulanden. Sehr schnell entdeckten ihre Planer und Macher, dass auf dem Meer ein Geschäft zu machen war. Und so wurde bald nicht nur eigenes Gut aus staatlichen Handelsgründen verschifft, sondern jegliches Fremdgut für Drittstaaten hin und her gefahren, von Afrika nach Südamerika, von Nordamerika nach Mittelamerika, von Nordeuropa ins Mittelmeer. Dieser schnell wachsende Dienst der DSR ging einher mit der staatlichen bzw. ökonomischen Anerkennung des ostdeutschen Teilstaates. Allerdings war es nicht so einfach, Transportraten auf den internationalen Wasserwegen zu erhalten. Das Geschäft wurde durch »Konferenzen« genannte Verbindungen kontrolliert. Diese Konferenzen waren für die Transporte zwischen zwei Großzielen zuständig, und möglichst alle Reedereien, die zwischen diesen Zielen fahren wollten (z. B. zwischen Indien und Europa), mussten Mitglied der entsprechenden Konferenz werden, in der dann die einzelnen Frachtraten und selbst ihre Preise einheitlich festgelegt wurden.

Der Eintritt in diese Konferenzen war nicht immer einfach. Die kontinentalen Konferenzen saßen zumeist in London, waren also sehr britisch bestimmt, und aus diesem Grund gab es viel Widerstand gegen den Neuling aus dem Osten Deutschlands. Für die große ostdeutsche Reederei war es daher wesentlich einfacher, Mitglied in den amerikanisch dominierten Konferenzen zu werden, die zwischen Nord- und Südamerika oder zwischen Asien und Amerika die Frachtdienste organisierten. Die Amerikaner mit ihrem ganz anderen Demokratieverständnis wurden sich mit dem Schifffrachtneuling geschäftlich schnell einig.

Eine völlig andere Rolle spielte die DSR bei ihren Frachtverbindungen mit den jungen Nationalstaaten oder solchen Staaten wie Kuba und Angola. Diese Routen wurden aus rein politischen Gründen bedient. Kuba – durch die USA viele Jahre lang vom Welthandel abgeschnitten – war auf die Verbindungen in den osteuropäischen Raum bzw. in die Sowjetunion durch Reedereien aus dem Osten Europas angewiesen. Auf diesen Routen wurde sicher nicht das große Geld verdient, dass sie bedient wurden, lag in der damaligen politischen Weltlage begründet.

Die ostdeutsche Handelsschifffahrt navigierte also zwischen dem normalen Geschäft mit Tonnage und Frachtraten und den politischen Beziehungsfahrten im Auftrag des Weltfriedens. Den aufmerksamen Seeleuten an Bord erschien es sicher manchmal sehr merkwürdig, welche Waren sie z. B. in den Nahen Osten transportierten oder von dort holten und welche Güter von ihnen zwischen Indien und dem Mittelmeerraum hin und her gefahren wurden. Da hatte man die ganze Gegensätzlichkeit der Welt auf einem Schiff.

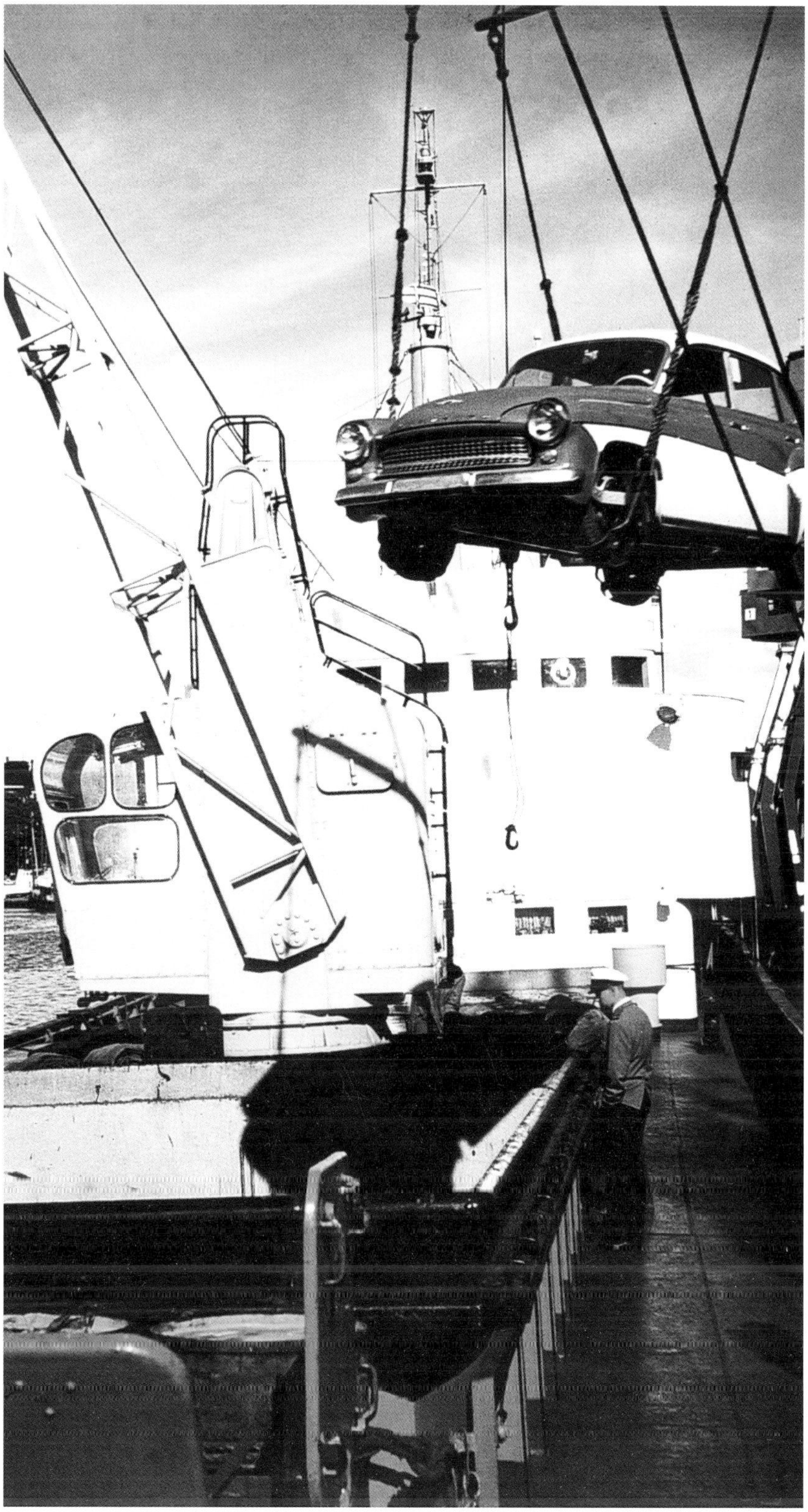

In den 60ern waren die Bestimmungen an Bord noch nicht so streng, man konnte sogar sein privates Motorrad mit auf die Fahrt nehmen und die Landgänge somit ausdehnen

Die ostdeutsche Seefahrt war bald auf dem gesamten Globus unterwegs. Zu ihren Hochzeiten in den 70er-Jahren war sie die größte europäische Universalreederei. Ihr weltweites Liniennetz war das umfassendste aller europäischen Reedereien, 195 Schiffe liefen mehr als 400 Häfen in 80 Ländern an. Wahrscheinlich waren diese Jahre zweier deutscher Staaten eine Zeit, in der Deutschland insgesamt mit mehr Nationen gute und friedliche Handelsbeziehungen unterhielt, als dies in seiner vorangegangenen Geschichte je der Fall gewesen war.

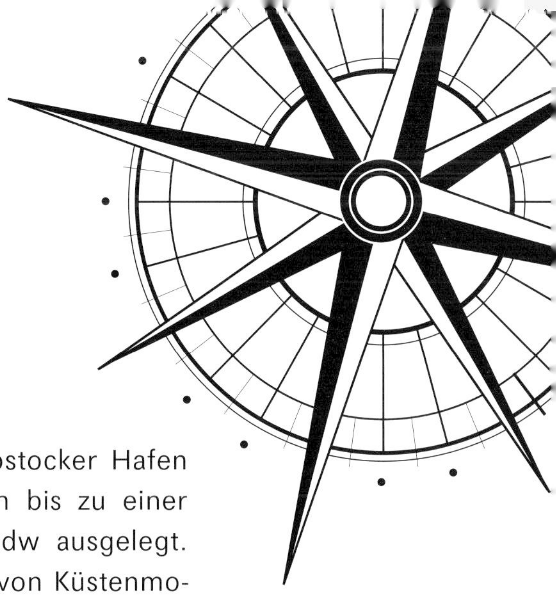

DAS TOR ZUR WELT

So merkwürdig es klingen mag, im gleichen Zeitraum, in dem mitteleuropäische Grenzen dichter, fester und scheinbar endgültiger wurden, wurde daran gearbeitet, einen ordentlichen, dauerhaften und »großen« Zugang zur Welt zu haben – man beschloss und baute für die Wirtschaft des Ostens Deutschlands den Überseehafen Rostock. Vorausgegangen war eine Untersuchungs- und Planungsphase, verschiedene Modelle wurden diskutiert, die vorhandenen kleineren »Welttore« Wismar, Rostock, Stralsund oder Greifswald besehen, verglichen, bewertet und schließlich – wie erwartet – Rostock ausgewählt. Die Wahl fiel damit auf eine Stadt, die zwar schon einen Hafen besaß, jedoch nicht gerade als das Eldorado der Frachtschifffahrt gelten konnte. Die industrielle Revolution war an Mecklenburgs Küsten irgendwie gestrandet. Im Prinzip herrschte schon seit dem Dreißigjährigen Krieg relative Ruhe. Im Hinterland gedieh über Jahrhunderte hinweg nichts, was unbedingt einer entwickelten Seefahrt bedurft hätte. Die Entwicklung im Schiffbau hin zu größeren Schiffen fand an den großen Weltmeeren und nicht an der kleinen Ostsee statt. Einziger Lichtblick und sicher wichtig für Rostock als zukünftiger Überseehafen war die Werftindustrie mit ihren ca. 3.000 Beschäftigten vor dem Krieg. Der vorhandene Rostocker Hafen war nur für Schiffsgrößen bis zu einer Tragfähigkeit von 3.000 tdw ausgelegt. Das entsprach der Größe von Küstenmotorschiffen, nicht aber von Überseefrachtern. Die Wirtschaftlichkeitsberechnung für Rostock ging bereits damals davon aus, dass allein der Ostseeraum eine derartige Handelsmengensteigerung erreichen würde, dass sich ein Überseehafen an der deutschen Ostseeküste selbst in einem wiedervereinigten Deutschland sinnvoll nutzen ließ. Schon anhand solcher Überlegungen, die am Beginn des Rostocker Hafenbaus standen, wird deutlich, wie unsicher den damaligen Planern die deutsche Zweiteilung schien.

1957 wurde mit dem Hafenbau begonnen. Die erste Bauphase dauerte bis 1969 – also zwölf Jahre. Schon während des Baus, im Jahr 1960, wurde der erste 10.000-tdw-Stückgutfrachter im Hafen abgefertigt. Zu diesem Zeitpunkt bezahlte die DDR noch viel Geld für das Löschen der für sie bestimmten Waren in Hamburg oder in polnischen Ostseehäfen. Insgesamt ist der Bau des DDR-Tores zur Welt ein sehr langer Prozess geworden. Nach 1969 folgten ständig Erweiterungen, Vergrößerungen oder die Anpassung an wieder neue Transporttechnologien – wie z. B. den Containertransport. Außerdem produzierte die

Walter Ulbricht und weitere Ehrengäste reisen mit dem Fahrgastschiff »Ahlbeck« vom Stadthafen Rostock zur feierlichen Einweihung des Überseehafens an

ostdeutsche Wirtschaft immer mehr Industriegüter, die unbedingt verschifft werden mussten.

Neben dem Hafenausbau ging es auch um die Anschlüsse ins Binnenland. Hierfür waren die Bedingungen in Rostock recht gut, Straße und Schiene führten direkt nach Süden, nach Berlin und ins dahinterliegende Sachsen. Rings um den Hafen wuchsen die Instandsetzungsbetriebe für die Seewirtschaft, Werften und schließlich auch die Nachfolgeindustrien, die direkt von den Hafenmöglichkeiten leben. In Westeuropa wurden in dieser Zeit u. a. riesige Automontagewerke direkt in die Hafenanlagen integriert, daneben entstanden Betriebe der Ölindustrie, um das Benzin für die gerade montierten Autos zu raffinieren. In Rostock baute man einen Fischverarbeitungsbetrieb und riesige Kühllager mit angeschlossener Fruchtverarbeitung ins Hafenumfeld.

Die komplette technische Beschreibung einer Hafenbauzeit, die Anzahl der Becken, die Tiefe des Wassers, die Lösungen für den Abtransport der gelandeten Güter liest sich in aller Regel so aufregend wie gehobene Lyrik für Baustatiker. Viel interessanter liest sich da schon, dass man im gesamten Land Steine für den Molenbau sammelte – aus allen Teilen der DDR kommen 65.000 Tonnen Feldsteine in 108 Güterzügen in die Stadt –, dass man Fachleute für den Hafenbau wie auch für den Betrieb des Hafens aus allen Bezirken der DDR heranholte.

Das Rostocker Stadtparlament wandte sich im Dezember 1957 an die DDR-Bürger und rief sie zur Unterstützung auf. Das Echo war überwältigend. Hunderte und später Tausende Menschen arbeiteten spontan oder organisiert mit Hacke, Schaufel und wahrer Begeisterung für »ihren« Überseehafen. In kurzer Zeit kommen fast vier Millionen Mark an Spenden zusammen, werden eine halbe Million freiwilliger Arbeitsstunden von Arbeitern, Landarbeitern und Intellektuellen geleistet. Auf dem sumpfigen Weideland arbeiten 2000 Menschen in drei Schichten. Sie rammen unzählige Pfähle in den Sumpf, betonieren Kaimauern, bauen erste Hallen und ein Verwaltungsgebäude. 1960 wird der neue Hafen mit einem großen Volksfest eröffnet. Er gehört zu einem der größten Ostseehäfen überhaupt.

Nun musste auch Kultur angesiedelt werden. Ein Theater hatte Rostock schon länger. Daneben brauchte es noch die große Kunst auf dem grünen Rasen, und interessanterweise zählte in der jungen DDR der Fußball zur Kultur. Um also noch mehr von diesem hohen Menschheitsgut auf die Großbaustelle des hohen DDR-Nordens zu bringen, wurde eine komplette sächsische Fußballmannschaft samt Trainer nach dem 9. Spieltag der Saison 54/55 vom kleinen und beschaulichen Erzgebirgsort Lauter – in der Nähe von Aue gelegen – per Zug nach Rostock verfrachtet, um dort den 10. Spieltag mit gleicher Mannschaft, aber unter anderem Namen weiterzuspielen.

Die Vorgeschichte begann wahrscheinlich im Sommer 1954, als man das Ostseestadion eröffnete und feststellte, dass

Um Weihnachten 1972: Das Küstenmotorschiff »Sagard« verlässt den Rügendamm mit Tannenschmuck im Mast

die örtlichen vorhandenen Rasenkünstler keine allerbeste Qualität zeigten. Im Erzgebirge – 500 Kilometer von dieser fußballerischen Wüste entfernt gelegen – gab es das Gerücht, dass von den fünf dicht beieinanderliegenden Oberligaspielorten Karl-Marx-Stadt (Chemnitz), Zwickau, Aue, Meerane und Lauter einer seine Oberligamannschaft aufgeben müsste. Im ahnungsvollen Lauter, dem absolut kleinsten der fünf Spielorte, gab es aus berechtigter Angst die massenhafte Androhung von Wahlverweigerung – für die junge DDR eine schlimme Tat. Die Pläne wurden scheinbar fallen gelassen und die neue Sai-

DESSAU

Seite 58/59 I Der Metallfrachter »Dessau« löscht seine Erzladung im Überseehafen Rostock. Dieses Schiff war bis 1969 der Öltanker »Leuna II« und wurde dann umgebaut

son gestartet. Erst nach dem 9. Spieltag wurde die komplette Mannschaft von »Empor Lauter« heimlich »verlegt«. Nun ist traditionell kein Geheimnis im Erzgebirge so sicher, dass es ein Geheimnis bleiben kann. In der Nacht, als die Mannschaft samt Trainer und Betreuer im Zug saß, um klammheimlich via Leipzig und Berlin nach Rostock gefahren zu werden, blockierten Lauter-Fans die Bahngleise. Sie haben die Gleisblockade also schon lange vor den Unentwegten von Wackersdorf erfunden, und sie wollten mit ihrer Blockierung erreichen, dass etwas da blieb, wo es gewachsen war.

Drei Stunden soll es gedauert haben, bis die Gleise geräumt waren und der Zug mit seiner fußballerischen Fracht nach Norden fuhr. In diesen drei Stunden sollen, so das Gerücht, drei von 15 Spielern den Zug noch verlassen haben, sodass am Ende zwölf Mann und ein Trainer in Rostock ankamen und dort den DDR-Oberligafußball etablierten. Aus Empor Lauter wurde Empor Rostock und später Hansa – und dieser Verein spielt immerhin gegenwärtig (2010/11) noch immer in der zweithöchsten gesamtdeutschen Fußballetage, was man leider von Mannschaften aus Aue, Zwickau, Chemnitz oder auch Meerane nicht sagen kann.

Aber nicht nur die Fußballer wurden verund angepflanzt. Ein Großteil der Zuzügler in der damals schnell wachsenden Stadt Rostock kam aus den industriellen – allerdings schon länger verschmutzten – Zentren des sächsisch-thüringischen Industrielandes. Sie brachten vieles mit – nicht nur den Fußball und seine Kultur. Allein ihre Sprache ließen sie offensichtlich zurück wie ein paar alte Schuhe. Wahrscheinlich wurde sie noch südlich von Berlin »abgestellt«.

Die ostdeutsche Ostseeküste reizte – und dies bis zum Ende des kleineren Deutschlands – mit relativ viel Natur, einer freien Sicht auf freies Wasser, schnell verwehten Industriegerüchen und natürlich auch mit einer besseren Bezahlung. Zurückgelassen wurden neben dem Gebirge und den verschiedenen Dialekten auch nicht mehr benötigte Familienteile, Unmassen an Industriedreck und zu damaliger Zeit rettungslos überfüllte Großstädte.

Der Hafenausbau – der eher eine Neuanlage war – gilt heute noch als eine gelungene Industrialisierung inmitten einer idyllisch-intakten Landschaft. Wie funktional und zweckmäßig die gesamte Anlage geplant und ausgeführt wurde, zeigte sich in den ersten Nachwendejahren. Nach dem rapiden Einbruch der Umschlagszahlen ab dem 30. Juni 1990 rappelte sich der Hafen, dank seiner weiträumig gut durchdachten Anlage und den weltweit weiter steigenden Transportmengen, wieder in ordentlichen Maßen auf. Um die Jahrtausendwende glaubte man sich in Rostock in sicherem Fahrwasser. Erst diese neumodische Bankenkrise – die amerikanische Hausbaukredite auf eine ganz und gar undurchschaubare Weise mit der europäischen Industriegüterherstellung verknüpft – trifft den Rostocker Hafen sehr schmerzlich.

WER GUT ARBEITET, SOLL DIE WELT SEHEN (DÜRFEN)

Die DDR ähnelte noch einem angebrüteten Ei, als schon darüber nachgedacht wurde, Urlauberschiffe zu kaufen, um dem normalen, arbeitenden Menschen seine jährliche Schiffsreise zu ermöglichen. Die Entwicklung eines DDR-Kreuzfahrtschiffsdienstes ist sicher auch ein Resultat des 17. Juni 1953, der auch mit Versprechungen darüber endete, was sich alles verbessern sollte. Das Arbeiter- und Bauernparadies musste endlich ein paar Punkte gegenüber dem sich zu diesem Zeitpunkt schon rasant entwickelnden deutschen Nachbarstaat machen. Die Menschen zwischen Ostsee und Erzgebirge hatten ebenfalls mehr Träume als nur den, täglich die

Die Fahrt der »Fritz Heckert« führte 1967 unter anderem nach Jalta auf der Halbinsel Krim

I Das Urlauberschiff »Völkerfreundschaft« im Rostocker Überseehafen. Es gelangte als »Stockholm« zu Berühmtheit, weil es bei einer Kollision die »Andrea Doria« versenkte

Seite 63 I Bereits nach neun Jahren wird die »Fritz Heckert« außer Dienst gestellt. Durch das »Freundschaftsobjekt Schiffbau« der FDJ kam sie nach Stralsund und prägte 19 Jahre lang das Stadtbild

Norm zu erfüllen. Sie träumten von ganz privaten Anschaffungen, von Erholungsreisen und eben sogar von Kreuzfahrten. Wieso sollte es diese Vergnügungen nicht geben? Vielleicht war das ganze Kreuzfahrtschiffsprogramm wirklich nur der staatliche Versuch, die Menschen fröhlicher zu stimmen? Vielleicht haben drei alte Männer irgendwo an einem Sprelacart-Tisch (im Westen Resopal) ausformuliert: »Lasst uns Schiffe bauen, dann werden sie schon sehen, welches das bessere Land ist.« Ein Protokoll über diese Sitzung gibt es leider nicht. Aber vorstellbar, dass es so ähnlich abgelaufen sein könnte, ist es schon!

Bis aus dem »staatlichen« Nachdenken endlich Tatsachen wurden, bis die »Völkerfreundschaft« dann tatsächlich als erstes ostdeutsches Traumschiff auf den wirklich grenzenlosen Meeren herumfuhr, war das Ei geborsten, die Träume waren andere geworden und von den fünf geplanten Schiffsneubauten lief später nur einer, die »Fritz Heckert«, vom Stapel.

Die Routen der Schiffe und ihre Aufträge, ihre Passagiere und ihre Fahrziele – all dies änderte sich ständig im stabilsten

❙ Auch wenn die Fahrt ins warme Mittelmeer geht, dass Weihnachtszeit ist, wird bei einem Blick zum Schiffsmast der »Fritz Heckert« klar

Land der Welt. Auf ihren Decks tummelten sich Menschen, die von der Gewerkschaft dafür ausgewählt worden waren, andere hatten direkt im Reisebüro der DDR gebucht und viel Geld für den Trip übers Meer bezahlt und wieder andere hatten sich das Ticket bei Neckermann gekauft. Außerdem gab es da noch jene Sonderfahrten für die Staatsoberen – die ja dann doch keine eigenen Hochseejachten hatten – oder die »Belohnungsfahrten« nach Olympischen Spielen, wenn die Medaillengewinner entsprechend der Farbe ihre Medaille einmal hin oder einmal her oder gar hin und her (die mit den Goldmedaillen) fahren durften. Die insgesamt drei ostdeutschen Kreuzfahrtschiffe selbst hatten sehr eigene und sehr unterschiedliche Herkünfte. Dieses Durcheinander passte gut zu den sich im Prinzip ständig ändernden Einsatzzwecken und -zielen.

Die »Völkerfreundschaft« hatte 1956 unter dem Namen »Stockholm« die »Andrea Doria« gerammt und damit Einzug in die deutsche Rockmusik gefunden. Die Schweden schleppten sie nach Hause

Die »Fritz Heckert« 1967 im Hafen von Sochumi (Georgien) im Schwarzen Meer. Das Urlauberschiff wurde 1961 nach rund einjähriger Bauzeit in Dienst gestellt

und beulten sie – bereits im Auftrag der DDR – wieder aus. Einige Zeit später wurde sie unter dem Namen »Völkerfreundschaft« zum ersten DDR-Urlauberschiff und schon ihre erste Reise war ebenfalls denkwürdig. Dabei gab es allerdings kein Schiffsunglück, sondern nur das Unglück des innerdeutschen Mauerbaus. Nachdem zwei Passagiere das Schiff in Piräus verlassen hatten, um nie mehr wiederzukommen, änderte sich die Fahrtroute. Das Schiff mied fortan solche Häfen, in denen die Passagiere wegliefen. Ökonomisch ist das nicht zu verstehen, da die Leute ihre Reise im Voraus bezahlt hatten, hätten die Schiffseigner die Kojen doppelt vermieten können.

Später fuhr das Schiff mehrfach leer über die Weltmeere, weil man den Bürgern der Heimat keinen Landgang in »bösen Ländern« zumuten wollte. Man hatte Urlauber nach Bulgarien oder Rumänien gebracht und wollte den rückreisewilligen Menschen die lange Rückfahrt übers Mittelmeer ohne Landgang ersparen. Die Bulgarienurlauber flogen dann zurück und

I Die »Fritz Heckert« passiert den Vulkan »Stromboli« im Mittelmeer. Über dem aktiven Vulkan hängen Rauchschwaden

das Schiff fuhr ihnen schnell, alleine und ohne Zwischenstopp hinterher, oder aber es fuhr mit ganz, ganz wenigen, dafür aber sehr, sehr wichtigen Passagieren irgendwohin, wo die Sonnenstrandurlauber nie glaubten, je hinfahren zu können. Bis 1985 dampfte die »Völkerfreundschaft« brav über die Meere; insgesamt hatten mehr als 200.000 Menschen das Vergnügen gehabt, auf ihr ein Stück weit um die Welt zu fahren. Danach war es mit dem Schiff immer noch nicht zu Ende. Es wurde mehrfach umgebaut, zwischenzeitlich als Asylheim genutzt, dann wieder für Kreuzfahrten eingesetzt und soll im Augenblick immer noch unter dem Namen »Athena« Passagiere befördern, die deutsch sprechen und trotzdem zufrieden von Bord gehen.

Auch das zweite Urlauberschiff, die »Fritz Heckert«, hatte eine unruhige, allerdings im Vergleich mit der »Völkerfreundschaft« wesentlich kürzere Geschichte. Sie wurde aus Spendenmitteln des Freien Deutschen Gewerkschaftsbundes (FDGB) in Wismar gebaut und war als Prototyp mit einigen überaus großen Mängeln behaftet. Die »Fritz Heckert« hatte zwei entscheidende technische Geburtsfehler: Der neuartige Gasturbinenantrieb funktionierte nur auf einer vollständigen Reise richtig und die mangelhafte Schiffsstabilität auf dem Wasser bescherte ihr den Beinamen »Schaukelpferd«. Ursprünglich sollte sie der Prototyp für fünf baugleiche Schiffe werden, allein die Entwicklung der DDR als zunehmend abgeschottetes Land hatte diese Planungen verschwinden lassen.

Seite 67 I Die »Völkerfreundschaft« an der Pier in Warnemünde

VÖLKERFREUNDSCHAFT

Das Schiff fuhr nur reichliche neun Jahre auf den Kreuzfahrtrouten dieser Welt umher. Dann legte man es heimlich still. Natürlich war die Stilllegung dieses Schiffes eine Niederlage und natürlich geht niemand gern mit Niederlagen an die Öffentlichkeit. In Rostock lag das Schiff sehr öffentlich still, später diente es dann als Wohnschiff vor Stralsund und noch später wohnten die Atomkraftwerkerrichter von Lubmin auf dem Schiff. 1991 verliert sich seine Bugwelle am Persischen Golf. Letzter Reisezweck: abwracken.

Die »Fritz Heckert« war also seit 1970 nicht mehr unterwegs, die »Völkerfreundschaft« 1985 abgegeben worden. Gänzlich ohne Urlauber- und Kreuzfahrtschiff mochte die »größte« DDR nicht bleiben. Also plante man einen großartigen Neuankauf. Und das dritte Urlauberschiff, der große Coup der DDR-Urlaubsplaner, war dann wirklich das echte Traumschiff, dass für fürchterlich viel Geld von einer südafrikanischen Reederei gekauft und von 1985 bis 1989 für die DSR unterwegs war.

Der Name »Arkona« ist programmatisch sehr verschieden von »Völkerfreundschaft« oder »Fritz Heckert.« Warum die DDR-Oberen genau dieses Schiff haben wollten, auf dem dann wegen der finanziellen Staatszwänge eher westdeutsche Touristen fuhren als brave ostdeutsche Stahlarbeiter, ist eine dieser nie vollständig zu beantwortenden Fragen. Hatte vielleicht »jemand« immer die Fernsehserie »Das Traumschiff« gesehen und geglaubt, dass es nur an den richtigen Schiffen läge und dann würde der ökonomisch schon lange angeschlagene Staat wieder ordentlich voraussegeln? Wahrscheinlich ist die Wirklichkeit immer schlichter als alle komplizierten Gedankenspiele. Auf jeden Fall leistete sich der kleine Staat in seinen letzten Jahren ein sehr teures Schiff und vermietete es dann häufig an große westeuropäische Reiseveranstalter. Einen richtigen Sinn mag man darin nicht erkennen, aber schön war es. Die »Arkona« war wirklich das echte und einzige Traumschiff aus dem Fernsehen. Wir hatten es und die anderen bestaunten es!

FABRIKEN AUF SCHWANKENDEM GRUND

Für die staatlich gelenkte und hoch subventionierte Hochseefischerei der DDR waren in besten Zeiten 18.000 Männer und Frauen, davon rund ein Drittel auf See, im Einsatz, die DDR-Bevölkerung mit Fisch zu versorgen. Bereits 1963 wurden mehr als 100.000 Tonnen gefangen. In den 70er-Jahren erreichten die Mengen dann ihre Höchststände: 1971 223.000 Tonnen Fisch für Rostock. Gigantisch. Diese gewaltige Steigerung war das Ergebnis eines großen technologischen Umbruchs im Fischfang. Man änderte die Fangtechnologie – und hier konnte sich die Fischereiindustrie der DDR nicht nur gut anpassen, hier besaß sie sogar Vorteile. Man hatte Wissenschaft und Schiffsbau, Ausbildung und Weiterverarbeitung in »einer Hand« und demzufolge auch ausreichend Mittel, um sich an etwas Neues zu wagen: den Fischfang zu industrialisieren.

Im Prinzip erscheint diese Umwandlung – nüchtern und von Land aus betrachtet – recht schlicht. Jetzt fuhren eben mehr Schiffe hinaus und die Schiffe wurden größer – das ist immer das, was man unter Fortschritt versteht. Genau besehen steckte natürlich eine gewaltige Veränderung dahinter. War ursprünglich eine Besatzung mit ihrem Schiff hinausgefahren, hatte gefischt und war dann mit vollem Rumpf nach Hause zurückgekehrt, so unterschied man nun in Fänger, Verarbeiter und in Transporteure. Die Seeleute, die Fischer, die vordem ihren Kutter mit Fisch gefüllt hatten und dann in Richtung Heimat gesegelt waren, blieben jetzt auf dem Meer, solange die Technik hielt. Ihren Fang gaben sie an vergleichsweise große Verarbeitungsschiffe ab, auf denen unter

❙ Nicht nur die kleinen Fische gingen ins Netz, so manches Mal war auch ein großer dabei – so wie hier ein Grindwal

JUNGE WELT

Seite 70/71 **I** Das Transport- und Verarbeitungsschiff »Junge Welt« war eines der größten und modernsten in der Fischereiflotte der DDR

Seite 73 **I** Arbeiten an einem Neubau auf der Helling 1974. Der Supertrawler »Atlantik« mit seinen 102 Metern Länge war das größte bis dahin in der Volkswerft Stralsund gebaute Fischereifahrzeug

fabrikmäßigen Umständen die Rohware Fisch verarbeitet und zwischengelagert wurde, ehe dann später ein großer Kühltransporter vorbeikam und die Ladung übernahm. Die Fische, gefroren, gemahlen, in Stücke geschnitten oder in Büchsen gefüllt, wurden dann in Richtung Heimat transportiert. Ein paar Jahre später wurden sie dann sogar sofort vom Meer aus verkauft und in die entsprechenden Länder gebracht.

Aus der romantischen Fischerei auf dem offenen Meer war somit eine Industrie geworden, es gab Planziele, Sollzahlen und eine Menge Beschäftigte. Und völlig neue Berufsgruppen gehörten mit einem Mal zur Mannschaft – z. B. diejenigen, die auf den Verarbeitungsschiffen unter Deck arbeiteten und nach kurzer Zeit ebenso rochen wie ihre Produkte. Bisher hatten sie in den Konservenfabriken an Land gearbeitet, jetzt fuhren sie plötzlich zur See. Auch die Anlageningenieure, die die Verarbeitungstechnik warteten, fuhren nun ebenfalls zur See. Allerdings wurden sie allesamt in mildester Form »Rundfüße« genannt und galten nichts unter dem Adel der »richtigen« Seefahrer, dem nautischen Personal.

I Ein Schleppnetz voller Dornhaie

Die Fischfangflotte der DDR mit ihrer gesamten Zusatzindustrie galt weltweit als eine der effektivsten (und größten sowieso). Neben den Vorteilen, die so ein großes industrielles Gebilde wie die ostdeutsche Fischereiindustrie hatte, wuchsen mit der Größe des Betriebes auch die Schwierigkeiten. Wenn etwas fehlte, dann fehlte es schmerzlich und überall, und wenn es etwas gab, dann in Mengen und im Überfluss. Diese sonderbare Dialektik erstreckte sich auf die Produktionslinien. Wenn sehr viel Fisch da war, fehlte es an Verarbeitungskapazität, wenn diese ausreichte, fehlte der Fisch oder die Transportschiffe reichten nicht aus. Irgendetwas fehlte immer, zumal Fische als Produkte der Natur unzuverlässig und nicht immer dort waren, wo sie hätten sein sollen. Sie kannten keine Planwirtschaft.

Ein anderes Problem waren die Menschen – der Mensch ist eigentlich immer das Problem. Die Reisen dauerten ewig, die Arbeit wurde dadurch nicht schöner und auch die Methode des »Besatzungsaustausches« kostete Geld und verursachte Probleme. Da die Fangschiffe inzwischen bis zu zwei Jahren in den Fanggründen blieben, mussten die Besatzungen gewechselt werden. Hierfür gab es zwei Möglichkeiten, einmal durch die Luft – für Seemänner eher unpassend – und auf speziellen Personentransportschiffen, die zwischen Rostock und den Fanggründen unterwegs waren. Überall dort, wo Fischgründe in der Nähe waren, gab es »Umsteigeorte«, Seehäfen, von denen aus es nach Hause ging. In Afrika und in Amerika. Nicht immer gefiel das. Die Kanadier z. B. kramten ein verstaubtes Gesetz hervor, das fremden Fischern nur in Notsituationen gestattet, ins Land zu kommen und dann friedlich nach Hause zu fliegen. Dennoch stellten die Fischer an Bord der »Interflug«-Maschinen teilweise die drittgrößte Benutzergruppe. Dazu kam, dass die Welt, in der dies alles passierte, damals anders geordnet war. In Südamerika herrschten in der Regel Militärdiktaturen, mit denen die DDR keinen Botschaftskontakt hatte – ostdeutsche Fischer fischten trotzdem in deren Gewässern und landeten in deren Häfen.

Ab Mitte der 70er-Jahre machte sich wie gesagt die Überfischung der Meere allmählich bemerkbar und der Fischbestand schrumpfte. Obwohl immer mehr in Aufspurtechnik und in weite Ausfahrten investiert wurde, standen Aufwand und Nutzen schon bald im Missverhältnis zueinander. In Westeuropa begann man damit, die Kapazitäten abzubauen. Dort gab es viele kleinere Betriebe, die die Meeresfischerei aufgaben, sich entweder total aus der Branche zurückzogen oder Fischfarmen anlegten und dort mit wenig Personal

Seite 74 I Fischuntersuchung auf dem Forschungsschiff »Ernst Haeckel«, das 1987 auf der Volkswerft in Stralsund gebaut und bis zum Jahr 1990 durch das Institut für Hochseefischerei und Fischverarbeitung in Rostock gefahren wurde

Seite 75 I Eine Laborantin beim Beschicken des Grätenseparators mit Dorsch

einen relativ großen Ertrag produzierten. Die DDR – glücklich über die modernste Fischfangmethodik der Welt – gab nicht auf, sondern ließ ihre Fischer immer weiter und immer länger aufs Meer hinausfahren. Und die Fischbestände nahmen weiterhin rapide ab, bis dann Anfang der 80er-Jahre die Fischereirechte weltweit neu geordnet wurden. Trotz Gegenstimme der USA und Stimmenthaltung der DDR wurden die Fischereizonen so weit ausgeweitet, dass etwa 90 Prozent der Gebiete, in denen Fischfang stattfand, über Nacht nicht mehr ohne Weiteres befischt werden durften. Was macht die modernste Fischfangflotte der Welt, wenn sie keine eigenen Fischgründe hat? Sie machte einfach weiter … Man gab Geld dafür aus, um vor bestimmten Landesküsten fischen zu können, man kaufte Rohwaren von einheimischen Fischern zu, damit man weiter in deren Hoheitsgewässern Fische fangen konnte, man vermietete die eigene Flotte, man fischte im Fremdauftrag – aber man gab nicht auf. Jeder einzelne Bereich begann sich also nach Alternativen umzuschau-

I Verladen von Frostware in Lkw-Kühlzüge

Blick in Werkhalle des Ingenieurbüros für Rationalisierungsmittelbau der Fischwirtschaft in Stralsund

en. Die aufeinander angewiesene Technologiekette des Massenfangs, der extra großen Verarbeitungsschiffe und der Kühltransporte, die das Endprodukt in die Bestimmungshäfen brachten, brach auseinander und die Kosten explodierten, denn die Genehmigungen kosteten Valuta und waren nicht einfach mit Fangmengen abzugelten. Die Rohölkosten stiegen sowieso und der Stahl, der benötigt wurde, um die Schiffe zu Hause bauen zu lassen, wurde auch immer teurer. Am Ende war alles nur noch ein großes Minusgeschäft – neben dem Raubbau an der Natur und dem Verschleudern von Ressourcen. 18.000 Menschen waren damit beschäftigt eine runde Milliarde DDR-Mark pro Jahr an Zusatzkosten zu verursachen.

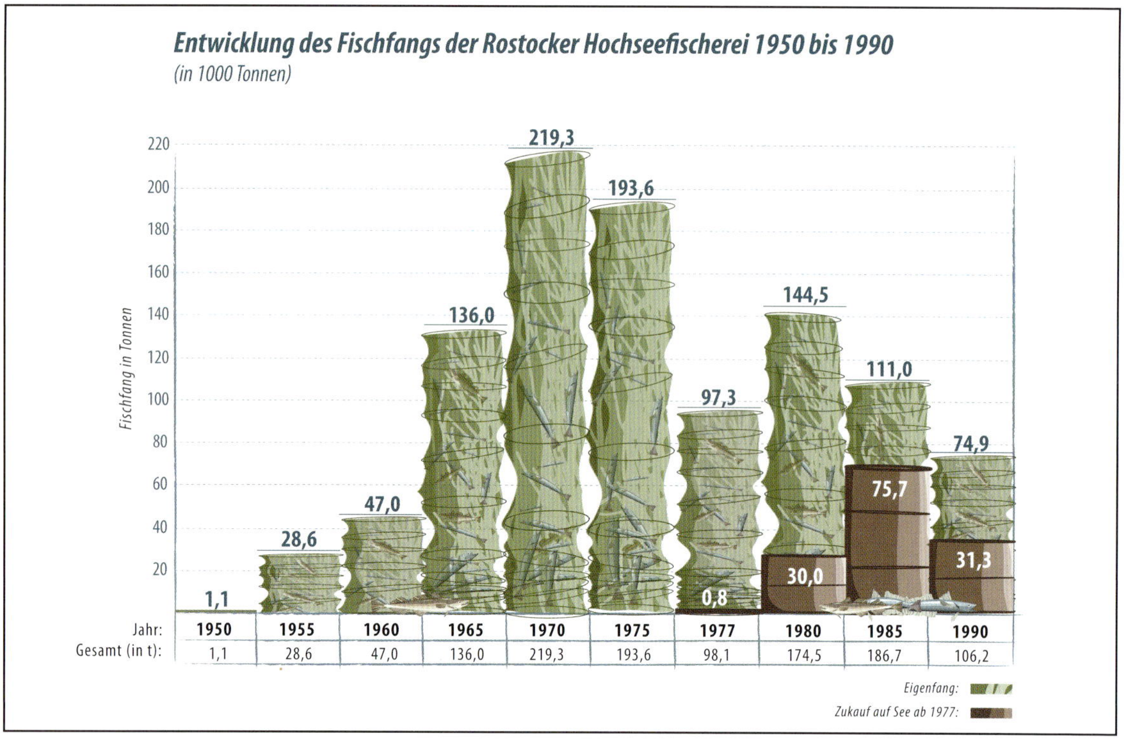

Entwicklung des Fischfangs der Rostocker Hochseefischerei 1950 bis 1990

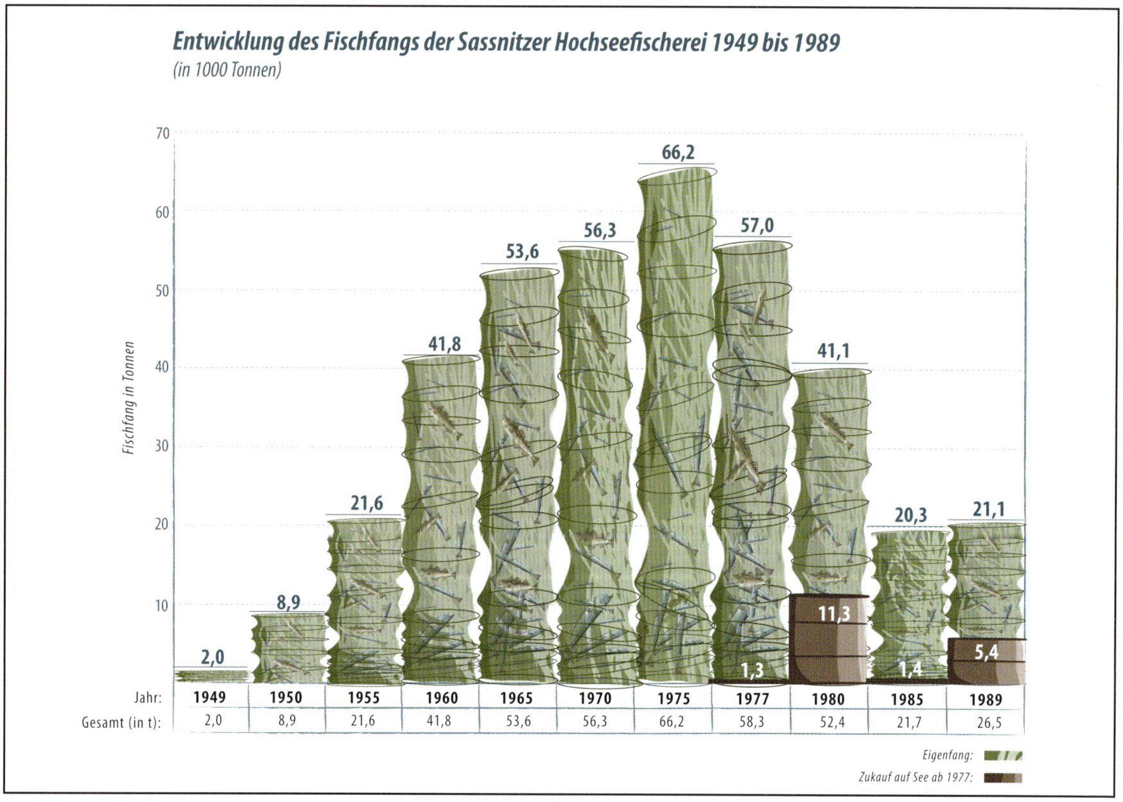

Entwicklung des Fischfangs der Sassnitzer Hochseefischerei 1949 bis 1989

I Die »Junge Garde« am Warnowkai bei Nacht, ein Transport- und Verarbeitungsschiff vom Typ II der DDR-Hochseefischerei, das für die Flottillenfischerei des Fischkombinates Rostock im Nordatlantik fuhr

Welche Rolle dabei unrealistische ökonomische Idealvorstellungen spielten, die besagten, dass Fisch als Grundnahrungsmittel immer zu einem festen und sehr niedrigen Preis verkauft werden müsse, kann man nur mutmaßen. Mit Sicherheit kamen viele Dinge zusammen, die letztlich einen Staat einfach zusammenbrechen ließen: Es waren ein paar ökonomische Gründe und sehr viele menschliche. Auch eine Neuorientierung hin zu Fischfarmen oder Ähnlichem schien nie ernsthaft in Erwägung gezogen worden zu sein, zumindest war davon nie etwas zu spüren gewesen. Und so trieb der Riesenbetrieb ostdeutscher Fischerei relativ hilflos und teuer auf dem Meer herum – noch ein paar Jahre immerhin.

TAUFE, FUSSBALL, ALKOHOL

Das Leben in dem kleinen Land DDR war begrenzt – 500 Kilometer von Nord nach Süd und runde 250 von Ost nach West. Dazu kamen dann später ein paar Abstecher in die Bruderstaaten: Baden an Balaton und Goldstrand, Skifahren im Riesengebirge und Bergsteigen in der Tatra. Das Leben auf einem Schiff – egal welchem Eigner es gehörte – war noch viel begrenzter. Ein paar Hundert Meter (zwei vielleicht) in der Länge und 30 in der Breite. Das war es dann. Auf diesem engen Raum bewegte sich der Seemann, wenn er zu See fuhr. Kam er nach wochenlanger Seefahrt in irgendeinen Hafen, so hatte er seinen Landgang. Aber das war selten.

Auf dem Meer hatten die Seeleute ihren Dienst und danach frei. Doch was machte man, wenn man freihatte und das nächste Kino, der nächste Fußballplatz und der nächste Kleingarten nicht erreichbar sind? Man kann aufs Meer sehen. Aber auf Dauer gibt es dort nichts weiter zu sehen als Wasser, und das auch noch in allen Richtungen. Manche lasen in ihren Freiwachen, manche lernten irgendetwas, z. B. Sprachen, andere tranken Exportbier oder spielten Schach oder trieben ein bisschen

Seite 80 ❙ Sonnenbaden in der Freizeit

❙ Für die Freizeitgestaltung ließ man sich einiges einfallen: Im selbst gebauten Pool konnten die Seeleute die tropische Hitze ertragen

»Whiskey-Time« nach Feierabend auf dem Frachter »Ernst-Moritz-Arndt«. Dieses Schiff wurde auch als »Liberty-Schiff« bezeichnet, da es während des US-Boykotts gegen Kuba die Insel mit wichtigen Lieferungen versorgte

Sport. Es gab ausgeklügelte Systeme der »Freizeitbespaßung«, in den Leitungen der seefahrenden Betriebe saßen extra Leute, die sich Gedanken darüber machten, wie der Seemann sinnvoll seine Freizeit zu verbringen habe. Das übliche Feierabendbier konnte aus ganz einfachen Gesundheitsüberlegungen nicht bis zum Schlafengehen ausgedehnt werden. Ansonsten wäre aus jedem Seefahrer unweigerlich ein Alkoholiker geworden. Aus diesem Grunde war es schon wichtig, welche Angebote und Möglichkeiten sich auf den jeweiligen Schiffen boten. Die Handelsschiffe hatten oft ausreichend Platz für Sport – egal ob für Fußball oder Volleyball. Wichtig war vor allem, die Zeit zusammen mit anderen zu verbringen und nicht abgekapselt irgendwelchen Gedanken nachzuhängen, die mit der entfernten Heimat zu tun hatten.

Im Nachgang – also Jahrzehnte, nachdem das umfangreiche Kapitel der DDR-Schifffahrt geschlossen wurde – finden sich sehr unterschiedliche Ansichten über die Qualität der Freizeit an Bord. Es gibt ehe-

malige Seeleute, die kein einziges schlechtes Wort über ihre aktive Fahrenszeit verlieren, und es gibt andere, die ihre Zeit an Bord als eine Art Spießrutenlauf erlebt haben und heute so schildern.
An Bord aller Schiffe wurde mit Sicherheit gebastelt, angefangen vom uns allen bekannten Buddelschiff bis hin zu richtigen Auto- oder Schiffsmodellen. Viele Seeleute strickten auch: Socken als Anfänger, Pullover, wenn sie schon einige Fahrten mit dem Strickzeug absolviert hatten. Neben diesen stillen Beschäftigungen wurde natürlich auch gesungen, erzählt oder Theater gespielt. Seeleute sind in der Regel alles andere als schweigsam. Die Arbeitswelt, in der sie sich größtenteils befinden, schweigt genug. Seeleute sind demzufolge durchaus gesprächig. Die viele Redezeit an Bord führt dazu, dass die erzählten Geschichten abgeschliffen, verfeinert und verbessert werden. So kann aus einer wahren, etwas drögen persönlichen Geschichte im Laufe von zwei, drei längeren Reisen eine spannende, sprachlich hochwertige und sich der

❙ Hier wird die Freizeit für einen Ausflug in eine der zahlreichen Lagunen bei Abidjan an der Elfenbeinküste genutzt

I Kapitän Zepplin (r.) bei der Schiffsübergabe an Neptun und seine Gefolgsleute. Hier verliest der Pastor die Ansprache von Neptun

I Äquatortaufe: Da musste jeder Seemann durch, der den Äquator zum ersten Mal überquerte – und meist auch sein Haupthaar für Neptun lassen

Literatur nähernde Geschichte mit einer überraschenden Schlusspointe werden. Als die Bordeinrichtungen noch schlichter waren und die Seeleute der Freiwache in Gruppen beisammensaßen, wurde natürlich mehr erzählt. Später gab es Filme im Kinozimmer, mehr Raum für den einzelnen Seemann und es wurde weniger erzählt.

Es ist schon merkwürdig, wie durch manche gut gedachte Verbesserung die Lebensqualität abnimmt. Ältere Seefahrer schwärmen noch immer von ihren Anfangsjahren, als die Besatzungen auch in den Freiwachen vollständig zusammensaßen, miteinander redeten und sich praktisch nie aus den Augen verloren. Später, als die Schiffe modern und die Arbeits- und Lebensbedingungen viel besser wurden, ging die Gemeinsamkeit zunehmend verloren.

Sehr heftige Erinnerungen sind oft mit den berühmten (und sicher auch berüchtigten) Äquatortaufen und den »üblichen« melancholischen wirkenden Festen wie Weihnachten und Silvester auf See verbunden. Die Taufen und ihre Beschreibungen finden sich in jeder guten Schifffahrtsgeschichte, die über den Äquator führt. Wahrscheinlich ist es für Seemänner ungeheuer wichtig, dass die Sonne plötzlich auf der anderen Seite steht, dass die Erde wirklich rund und man jetzt auf der »unteren« dieser Seiten angekommen ist.

Ihren Ursprung hat die Äquatortaufe bei den Portugiesen, die anfänglich annahmen, dass man südlich des Äquators durch Hitze unweigerlich umkommen müsse, und die nach dem Überqueren dieser ominösen Linie derartig froh darüber waren,

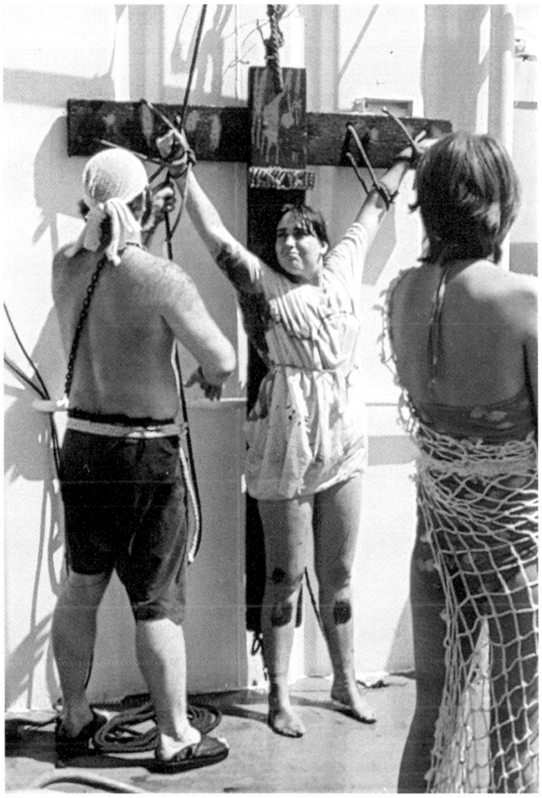

Stewardess Heike Metz am Kreuz, der vorletzten Station der Äquatortaufe

dass sie eine zweite Taufe für ihr »zweites« Leben wünschten. Aus diesen Ursprüngen ist inzwischen eine Art deftiger Seemannsunterhaltung geworden. Kultur ist es, wenn man trotzdem lacht. Die Grenzen zwischen groben Unfug und sinnvollen Ritualen, die ein Leben in logische Abschnitte teilen, sind durch keine Anweisung und kein Gesetz klar zu ziehen. Die Menschen sind verschieden und ihre Methoden auch. Die Taufrituale lassen sich ganz grob in Vorbereitung, Waschung und Rasur, Gesundheitsuntersuchung, Taufgang und spätere Nachfeier unterteilen. Die meisten haben ihre Taufe ohne medizinische Beihilfe überstanden, wenngleich es auch solche Geschichten der sadistischen

Seite 86 **I** Es wurde nicht nur Fisch für den Verzehr gefangen, sondern er bereicherte auch als Hobby den Bordalltag

Seite 87 **I** Wandteppiche knüpfen ist eine der Freizeitbeschäftigungen an Bord

Übertreibung gibt. Die Vorbereitung beginnt bereits dann, wenn dem zukünftigen Täufling ab Ausfahrt Angst vor der Taufprozedur gemacht wird. Es werden zunehmend Geschichten von grausamen Taufritualen berichtet, die in der Regel tödlich oder mit gravierenden Körperdefekten endeten. Der Täufling wird also über eine längere Zeit weich gekocht, was bei harten Seeleuten schon etwas bedeuten will. Die Vorbereitung findet ihren Abschluss mit dem Einsperren der Täuflinge in finsteren, engen in der Regel übel riechenden »Warteverliesen«. Wie lang die Wartezeit für den Täufling wird, einige oder viele Stunden, hängt vom Bordleben, den Dienstplänen und sicher auch ein bisschen von der Rolle des richtigen Schiffsführers ab.

Und dann laufen die Taufrituale ab, die sich, je nach Kapitän und den mitreisenden »Folterexperten«, von Schiff zu Schiff unterscheiden. Auf der nichtmateriellen Ebene des Lebens ging es um Sündenabwaschung und Reinigung, bevor man die Südhalbkugel befuhr, auf der materiellen ging es um möglichst viel Bier und Schnaps für Neptun und seine Gefolgschaft. Die Qualität der den Täuflingen zugefügten Grausamkeiten richtete sich also in der Regel nach deren Bereitwilligkeit, den »Folterknechten« möglichst viel Alkohol zu spendieren. Die Tauchbecken und der Taufvorgang zur Äquatortaufe selbst sind das dialektische Gegenstück zum christlichen Untertauchen in geweihtem, klarem Wasser. Dort Wasser und sanfte Worte,

I Der Silvesterabend 1986 stand unter dem Motto »Jambo Kenia«, was so viel bedeutet wie »Hallo Kenia«. Die Kostüme wurden zum Teil aus echten kenianischen Tragetaschen selbst geschneidert

Sport treiben und fit bleiben

hier schlimmstmögliche Dreckbrühe und Untertauchen bis zum Unratschlucken. Auf manchen Schiffen haben die Täuflinge vom Ablegen an »Kulturprogramme« für die Täufer gestaltet, allabendlich für Unterhaltung gesorgt, immer mit dem Ziel, dass sich die Folterungen und die erzwungen Abgaben in Grenzen halten sollten. Und natürlich hat das Verlassen der heimatlichen Nordhalbkugel für viele Seemänner so eine Art Zielvorgabe erfüllt. Man fuhr zur See, weil man Geld verdienen wollte und weil man Fernweh hatte. Und am Äquator hatte man zumindest die Sehnsucht nach der Ferne nachweislich befriedigt. Was zog den braven Sachsen oder Thüringer überhaupt aufs Meer? Die große Weite des Wassers? Die Neugier? Die Geldgier? Die Wärme? Es gibt wahrscheinlich gar nicht diesen einen großen Antrieb für diese Art von Nestflucht. Liest man in den Tagebüchern von Seeleuten,

Zeitvertreib mit Kartenspiel an Deck des Schiffes

so ist doch regelmäßig von einer Neugier auf fremdes Leben die Rede. Wer keine Traute hatte, sich an einem afrikanischen Strand an Land zu begeben, ohne zu wissen, wie man jenseits des Küstenstreifens spricht, wurde besser kein Seemann. Warum aber nun gerade die Sachsen neben Kuttel Daddeldu auch den ersten deutschen Admiral stellten? Die prozentualen Angaben darüber, wie viele Sachsen und Thüringer die DDR-Flotten unterwandert hatten, schwanken. Es gibt Quellen, die von einem Drittel schreiben, und auf anderen Seiten kann man lesen, dass knapp die Hälfte aller Berufsseeleute aus Gegenden südlich von Berlin stammte. Diese mitteldeutsche Menschenmischung an Bord brachte es auch mit sich, dass auf den Schiffen Hochdeutsch zur verbindenden Sprache wurde. Platt wurde vielleicht auf kleinen Booten der Küstenfischer gesprochen – auf den großen Schiffen jedenfalls nicht.

Und so kommt es auch, dass der DDR-Seemann nicht unbedingt an der Küste beheimatet war, sondern ebenso – zumindest in den Anfangsjahren – nach Hause in die südlichen Mittelgebirge fuhr. Erst mit den großen Neubausiedlungen rings um die Kernstadt Rostock zogen auch die Seemannsfamilien in den Norden. Als Nachteil dieser gelenkten Ansiedlungen konnte es durchaus passieren, dass ganze Schiffsbesatzungen an Land, wenn schon nicht in einem Block, so doch in dem gleichen Wohngebiet wohnten.

STURM, UNTERGANG UND DER FEIND AN BORD

Das Meer liegt nicht immer glatt und ruhig, Stürme fegen darüber hinweg, hohe Wellen türmen sich auf, reißen Schiffe ins Unglück. Auch die ostdeutsche Schifffahrt blieb davon natürlich nicht verschont. Bereits das erste Motorschiff der DSR, die »Stralsund«, geriet 1957 in Seenot und sank am 8. Februar 1957 in der Nordsee vor der englischen Ostküste. Die Kaliladung an Bord war durch eindringendes Wasser in einen Brei verwandelt worden, die Lenzpumpen versagten und das Schiff musste aufgegeben werden. Die 27-köpfige Besatzung ging in die Rettungsboote und wurde vom britischen Motortrawler »Olvina« übernommen und gerettet. Die »Stralsund« trieb noch fast acht Stunden bis zu ihrem Untergang auf See. Es war für die DSR-Flotte der erste totale Schiffsverlust, so heißt es, wenn ein Schiff nie wieder seetüchtig gemacht werden kann.

Dieses Unglück brachte es mit sich, dass in Berlin – also an einem sehr seefahrtsfernen Ort – darüber diskutiert wurde, ob

Das Küstenmotorschiff »Semlow« bei stürmischem Wellengang im Atlantik

man die eigenständige ostdeutsche Seefahrt nicht doch gleich wieder aufgeben und bis zur deutschen Wiedervereinigung warten solle, damit die geborenen und gelernten Seefahrer aus Hamburg oder Bremen dieses unsichere Geschäft wieder übernehmen könnten. Die DDR sei nun mal keine Seefahrernation, würde auch nie eine werden und man müsse auf den Handelstransport zur See wie auch auf den Aufbau einer eigenen Fischfangindustrie bis zur baldigen Wiedervereinigung verzichten.

Nun, heute wissen wir, dass man auf diese Wiedervereinigung recht lange hätte warten müssen, es wäre also eine geraume Zeit ohne Seefahrt gekommen. Außerdem hätten die vielen verträumten jungen Menschen, die unbedingt aufs Schiff wollten, keine reale Möglichkeit dazu gehabt. Interessant ist, dass es in der »obersten Leitungsebene« der noch jungen DDR eine Menge Widerstand gegen Hafenwirtschaft, Fischerei und Handelsschifffahrt gab. Wogegen sich dieser Widerstand konkret richtete, ob gegen das »freie Befahren« der Meere, gegen jene Einflüsse, die mit Handelsverbindungen immer entstehen, oder einfach nur gegen diesen teuren, völligen Neuaufbau einer eigenständigen Seewirtschaft, ist unklar. Wahrscheinlich kamen mehrere Gründe zusammen. Die Schifffahrtsgegner haben sich nicht durchsetzen können und so hielt man an einer DDR-eigenen Handelsflotte fest.

Dem ersten Unglück folgten weitere. Bei den meisten gingen zwar die Schiffe unter, die Besatzungen jedoch konnten vollstän-

dig gerettet werden. So auch beim Untergang der »Kap Arkona«, die 1964 in der Scheldemündung sank; alle 30 Mitglieder der Mannschaft wurden gerettet. Im gleichen Jahr kenterte die »Magdeburg« auf der Themse, auch hier wurde die gesamte Besatzung mit 57 Mann gerettet. Vorher hatten die Seeleute das sinkende Schiff noch aus der Fahrrinne gebracht und damit eine weitreichende – und sicher auch teuere – Störung im Schiffsverkehr verhindert. Nach der Bergung wurde die »Magdeburg« an einen griechischen Reeder verkauft, der sie nach Piräus schleppen ließ; auf dem Weg dorthin sank das Schiff am 18. Dezember 1965 in der Biskaya.

Es gab aber auch Schiffsuntergänge mit tragischem Ausgang, bei denen es Verluste an Menschen zu beklagen gab. Einer davon ereignete sich in der Nacht vom 20. auf den 21. September 1967 in der Biskaya, als die »Fiete Schulze« beim Ausweichen eines tropischen Wirbelsturms sank – 14 Tote waren aus der 42-köpfigen Besatzung zu beklagen, ein anderer am 14. Oktober 1976, als die »Böhlen« vor der französischen Küste sank und 24 Seeleute mit in den Tod riss. Bei letzterem

❙ Dichter Nebel ist ein hoher Risikofaktor, da die Lichter der anderen Schiffe nicht sichtbar sind und ihre Fahrtrichtung nicht einschätzbar ist

Seite 92 ❙ Der Holzfrachter (Typ 401) »Themar« hier in der Biskaya 1987. Ansonsten wurde dieser Schiffstyp vorrangig für den Holztransport mit Skandinavien eingesetzt, da die Schiffe durch ihre zusätzliche Eisverstärkung besonders im Winter an dieses Gebiet angepasst waren

Seite 94/95 ❙ Havarie der »Magdeburg« auf der Themse, das einzige der Typ-IV-Schiffe, das verloren ging

Untergang kam hinzu, dass die Katastrophe durch mangelhafte Nautik und schlechte Schiffsführung begünstigt worden war. Solche Untergänge, bei denen menschliches Versagen eine entscheidende Rolle spielt, gehören immer in die Kategorie der besonders nachhaltigen, »schlimmen« Unglücke. Im Gegensatz zu Sturm und Nebel, die unausweichlich auf dem hohen Meer vorkommen und Schiffe treffen können, sind diese »menschengemachten« Unglücke immer auch mit Begriffen wie Schuld und Unschuld verbunden.

Manchmal waren die Unglücke einfach durch Technikgläubigkeit verursacht. Man glaubte, dass einem großen Schiff – egal wie das Wetter und das Meer tobten – schon nichts passieren würde, außerdem hatte man ja einen Plan zu erfüllen und fuhr also hinaus – wie die »Rudolf Breitscheid« 1988 auf die »kleine Ostsee«, um dann trotz aller Technik und Maschinenkraft zu stranden, zu zerbrechen und unterzugehen – zum Glück ohne Menschenverluste. Dies war einfach Überheblichkeit (und sicher auch Zeitdruck) kontra Ostsee und Windkraft.

Stürme gibt es auf jedem Meer und sie treffen auch alle Seefahrer gleichermaßen – der Sturm unterscheidet nicht, aus welchem Land ein Schiff kommt und auch nicht, woran der einzelne Seemann glaubt. Bei Stürmen kommt es auf fachliches Können, auf klare Regelungen und sicher auch auf die Qualität der Schiffe an. Was das seemännische Können und die Schiffsqualität betraf, so lag die ostdeutsche

❙ Das Stauen der Ladung erfordert absolute Genauigkeit, denn ein Verrutschen der Ladung bringt das Schiff in Gefahr

Das zerstörerische Eis muss von der MS »Dierhagen« geschlagen werden

Schifffahrt ab den 70er-Jahren weit vorn in der Welt. Die Seeleute an Bord der DSR-Schiffe wie auch auf den Fischfangschiffen sprachen alle eine Sprache, sie verstanden Befehle auch ohne Übersetzer, sie hatten ihren seemännischen Beruf ordentlich gelernt und aufmerksam den unzähligen Arbeitsschutzvorträgen gelauscht. Eine der seltenen Selbstbehinderungen der ostdeutschen Schifffahrt bestand vielleicht darin, dass ihre Seeleute gehalten waren, in Seenot nicht jede Hilfe uneingeschränkt in Anspruch zu nehmen, sondern sich zuerst an ein eigenes Schiff oder eines einer befreundeten Nation zu wenden. Wie strikt solche Weisungen eingehalten wurden, lag dann aber doch wieder beim Einzelnen, und in der Regel entschied der gesunde Menschenverstand – so wie überall auf der Welt.

Neben den äußeren Gefahren wie Sturm, Klippen und überraschend kreuzenden Schiffen gab es an Bord auch hausgemachte Hässlichkeiten. Merkwürdigerweise entwickelten sich – aus heutiger Sicht gesehen – das Misstrauen und die gegensei-

Das Massengutschiff »Vockerode« (Typ IX) im Nordatlantik. Dieser Schiffstyp war besonders für den Erztransport konzipiert

tige Beäugung in dem Maße, in dem technische Verbesserungen im Freizeitbereich eingeführt wurden. Man liest heute in fast allen Berichten von langjährigen Seefahrern, dass der Zusammenhalt und die Kameradschaft unter der Mannschaft zu jenen Zeiten, als man noch selbst für die Bordunterhaltung sorgen musste, als man noch keine klimatisierten Kabinen hatte, in denen der einzelne Seemann seine Freiwache verbrachte, als Kino, Radio und andere technische Errungenschaften noch nicht zur Grundausrüstung gehörten, wesentlich besser war. Auf den Schiffen wurde in den Freiwachen eben nicht grundsätzlich und ausschließlich Alkohol getrunken. Die Männer saßen und sangen und erzählten sich ihre Seemannsgeschichten. Je seltener diese Gemeinsamkeiten wurden, umso weniger wussten die Matrosen voneinander, Raum für Misstrauen entstand. Außerdem wuchs der Argwohn unter jenen »frei beweglichen« Bürgern, die in der gesamten Welt herumkamen und dann daheim erleben mussten, wie Misstrauen und gegenseitige Abschottung dort immer übermächtiger wurden. Es ist schon seltsam, dass das Land in dem Maße, in dem es international anerkannt wurde, die persönlichen Außenbeziehungen, den Kontakt zu anderen Menschen immer strenger reglementierte und verbot.

In den Anfangsjahren der DDR fragte niemand beim Ausstellen des Seefahrtsbuches nach der Westverwandtschaft und den Kontakten. Jeder normal denkende Mensch wusste, dass es in einem gewaltsam geteilten Land auch geteilte Familien geben musste. Doch bald waren die Seeleute der DDR eine von der Staatssicherheit besonders überwachte Berufsgruppe. Jeder, der sich um eine Stelle auf einem Schiff bewarb, wurde überprüft. Nun brauchte man einen Sichtvermerk in seinem Seefahrtsbuch, um im Dienst der DDR-Flotte fahren zu dürfen. Dieser Vermerk wurde jährlich erteilt und beim leisesten Zweifel verweigert, selbst bei Eheproblemen. Informationen erhielt die Stasi auch hier von inoffiziellen Mitarbeitern, die praktisch auf jedem Schiff mitfuhren. Auf größeren Schiffen gab es Politoffiziere, die u.a. verhindern sollten, dass Seeleute »für immer von Bord gingen«, also von Landgängen nicht zurückkehrten. In der Folge gab es Anweisungen, dass Seeleute nicht mehr allein auf Landgänge gehen sollten. Die Praxis sah dann doch meist anders aus. Und es gab auch Bestrebungen, die Besatzungen der Schiffe immer wieder neu zusammenzustellen. So ließen sich neue Spitzel einfacher an Bord bringen.

Der Motorfrachter »Freundschaft« bekommt einen neuen Außenanstrich

Diese Zuträger und misstrauischen Zeitgenossen, die ständig auf der Jagd nach dem Bösen waren und darüber ganz vergessen hatten, dass das Leben an sich ein wertvolles und friedlich schönes Gut ist, vergifteten natürlich auch die Atmosphäre auf den Schiffen. Sie arbeiteten – dialektisch gesehen – am Untergang jener Situation, von

❙ Salzwasser und Witterung zehren am Schiffsmaterial. Einen neuen Außenanstrich gab es nur etwa alle zwei Jahre

der sie glaubten, dass sie sie verteidigen müssten.
Klar ist, dass eine solche unrealistische Teilabschottung auf Dauer nicht aufgehen konnte. Man kann nicht Handel mit der Welt treiben und sich als weltoffen darstellen, wenn es zu Hause immer enger wird.
Und letztlich soll nicht unterschätzt werden, dass gemeinsame, harte Arbeit noch immer mehr miteinander verbindet als das Lesen von Aktennotizen, deren Wahrheitsgehalt auch dadurch nicht größer wird, dass sie von einer staatlichen Behörde gesammelt wurden.

TRAUMBERUF, TRAUMREISE UND ALBTRAUMFAHRT

Junge Menschen, die den Beruf des Seemanns ergreifen, werden zweifellos von Neugier, von Abenteuerlust und von Fernweh getrieben. Das sind Eigenschaften, die in fast jedem von uns schlummern, deswegen lesen wir Landratten gern Seefahrergeschichten, selbst wenn wir persönlich nie auf einem Schiff gelebt und gearbeitet haben.

Der Beruf Seemann ist für viele daher so etwas wie ein Traumberuf. Arbeiten muss man in jedem Beruf, aber hier erfüllt man sich zusätzlich noch den Traum von der Weltreise. Als man im Osten Deutschlands begann, sich um die Seefahrt zu kümmern, ging es schlicht um Ökonomie. Die beiden Bereiche Warentransport und Fischerei mussten aus ganz einfachen Gründen der

Als Seemann hat man nicht nur die Touristenziele gesehen, sondern kam in die entlegensten Gebiete der Welt

Blick auf den »Zuckerhut« von Rio de Janeiro

Staatsökonomie besetzt und betrieben werden. Die jungen Matrosen und Fischer bekamen ordentlich Geld geboten und sie konnten ihre private Neugier auf die große weite Welt befriedigen. Anfangs war das unkompliziert, eine Westverwandtschaft stand dem Beruf noch nicht im Wege; in Berlin gab es vier Sektoren und Deutschland kämpfte bei den Olympiaden noch mit einer gemeinsamen Mannschaft – bis 1968 übrigens.

Je mehr sich das neue kleine Land entwickelte, umso komplizierter wurde sein Umgang mit der Umgebung. Aus Sektorengrenzen wurde eine Mauer, aus der Verwandtschaft wurden Feinde, der harmlose Beruf des Seemanns wurde zum Klassenkampfberuf. Flucht aus dem kleinen Land gab es ja erst, als das Land zum Gefängnis wurde. Das mag zwar etwas hart klingen – ist aber trotzdem logisch.

Kurz nachdem die Mauer gebaut war, also noch bevor man sich an sie »gewöhnt« hatte, waren die Fluchtreaktionen sicher spontaner als in späteren Jahren. So gab es beispielsweise eine Reise mit der ganz

DSR

VEB DEUTFRACHT / SEEREEDEREI
ROSTOCK
ZENTRALES WERBEBÜRO DER HANDELSFLOTTE

Information
über
Einstellungsmöglichkeiten
bei der
Handelsflotte
der DDR

Die ständige Entwicklung unserer sozialistischen Handelsflotte im weltweiten Seeverkehr und damit das Anlaufen unserer Schiffe in über 700 Häfen der ganzen Welt steht immer wieder im Interesse bei jungen Menschen unserer Deutschen Demokratischen Republik.

In sehr vielen Fällen wird daraus der Wunsch abgeleitet, selbst eine mehrjährige Tätigkeit auf einem Schiff auszuüben.

Dieser Wunsch wird noch dadurch gefördert, daß besonders in unserer Reederei beste Qualifikationsmöglichkeiten geboten werden.

Auf viele wiederkehrende Fragen soll in dieser Information eine Antwort gegeben werden.

Wer kann sich bewerben?
Welche Einsatzmöglichkeiten gibt es?
Berufsausbildung in der Handelsschiffahrt
Einstellung von EOS-Schülern

Wer kann sich bewerben?

Unsere Besatzungsmitglieder sind Repräsentanten unseres Arbeiter-und-Bauern-Staates.

Daraus resultiert eine sehr straffe Auswahl. Das Mindestalter soll 18, das Höchstalter 35 Jahre sein. Bewerber über 1,90 m Körpergröße können nicht berücksichtigt werden.

Außer der fachlichen Voraussetzung und Eignung für die vorgesehene Tätigkeit an Bord werden die schulische, berufliche und gesellschaftliche Entwicklung besonders gewertet. Für die Tätigkeit im Bereich Wirtschaft können auch Frauen eingestellt werden, wobei aber Ehepaare wegen der begrenzten Einsatzmöglichkeiten nicht berücksichtigt werden können. Eine vorherige Erfüllung des Ehrendienstes in den bewaffneten Organen der DDR ist im Interesse einer ununterbrochenen Ausbildung und Entwicklung an Bord für den Bewerber wünschenswert.

I Informationsheft über Einstellungsmöglichkeiten bei der Handelsflotte der DDR, das vom zentralen Werbebüro der DSR herausgegeben wurde

jungen »Fritz Heckert« im Jahr 1962, als während eines Landganges in Casablanca 24 Urlauber ihren Aufenthalt dauerhaft verlängerten – sie kamen einfach nicht zurück an Bord. Dass es zu dieser Zeit überhaupt noch Landgänge in Städten wie Casablanca oder Tunis gab, lag einfach daran, dass die Kreuzfahrten schon länger geplant waren, der Mauerbau »unverhofft« dazwischengekommen und das gesamte ostdeutsche Land noch nicht auf die totale Abschottung vorbereitet war.
Nachdem auf dieser Reise im Januar 1962 auch im nächsten Hafen, in Tunis, wiederum Namen aus der Passagierliste gestrichen werden mussten, folgte ein striktes Verbot weiterer solcher Kreuzfahrten. Landgänge gab es nur noch in Häfen, in deren Städte man auch mit dem Zug reisen konnte: Leningrad, Warna oder Tallin. Insgesamt allerdings sollen nicht mehr als 200 Passagiere und Besatzungsmitglieder ihre Schiffe auf diesem Wege für immer verlassen haben. Die anderen 300.000 Fahrgäste, die ebenfalls Gelegenheit dazu hatten, kamen alle »brav« wieder zurück nach Hause.
Für die Seeleute, die bis dahin ungestört ihrem Beruf nachgegangen waren, wurden die Veränderungen nicht so deutlich und rasch sichtbar. Man konnte ja schlecht Handel treiben, wenn kein Mensch mehr die freien Märkte der freien Welt besuchen durfte. Aber bestimmt wurden die Seemänner ab 1961 zunehmend gründlicher beäugt, kontrolliert und überprüft. Solange es Gefängnisse gibt, gibt es die Flucht aus dem Gefängnis …
Trotz ihrer schlechten Erfahrungen mit der »Fritz Heckert« kaufte die DDR 1985 erneut ein Kreuzfahrtschiff. Die »Völkerfreundschaft« war 1985 verkauft worden und die »Fritz Heckert« diente zu diesem Zeitpunkt schon 15 Jahre als Wohnheim. Aber man wollte ein standesgemäßes Kreuzfahrtschiff. Warum, ist relativ unklar. Am 29. August jedenfalls wurde aus der »Astor« die »Arkona« und Hamburger Rentnern stiegen die Tränen in die Augen,

FRITZ HECKERT

weil nun nur noch »Bonzen« auf ihr schönes Schiff durften. Sie konnten ihre Tränen bereits im kommenden Frühjahr trocken, statt eines Bonzenschiffes wurde aus der »Arkona« ein TUI-Kreuzfahrer. Die Vercharterung des schönen Schiffes führte dazu, dass auch der Hamburger ab diesem Zeitpunkt preisgünstig auf Kreuzfahrt gehen konnte. Und selbst die DDR-Besatzung scheint ihre Arbeit gut gemacht zu haben. Ob sie extra geschult wurden, damit sie auf TUI-Reisen immer ordentlich »Herr« und »Frau« statt »Genossin« und »Genosse« sagen, ist unbekannt. Es gibt durchaus sehr lebendige Erinnerungen daran, dass auch in der DDR von »Herr« und »Frau« gesprochen wurde, wenn man die Leute nicht weiter kannte.

Natürlich war die »Arkona« ein sehr spezielles Schiff. Sie fuhr mehrere Monate pro Jahr im Auftrag der DDR-Devisenbeschaffer für die TUI, in der übrigen Zeit genossen DDR-Bürger das Flair einer Kreuzfahrt. Und natürlich wurde die Besatzung nach dieser speziellen Zweiteilung im Fahrauftrag sorgfältig ausgesucht. Die Einnahmen aus der TUI-Vercharterung reichten jedoch bei Weitem nicht aus, um den exorbitanten Kaufpreis für das Schiff auch nur annähernd zu rechtfertigen. Neun Millionen D-Mark soll diese Vercharterung innerhalb von drei Jahren gebracht haben – bei einem Kaufpreis von mehr als 160 Millionen D-Mark!

Wie viel Klassenkampf an Bord tatsächlich stattfand und wie viel davon nur in den Köpfen der nimmermüden heutigen Kämpfer, das ist eine Auslegungssache. Sicher ist, dass die westdeutschen Reiseveranstalter in der Regel nur ihr Geschäft im Kopf haben. Mit der »Arkona« waren sie in vielerlei Hinsicht gut bedient. Nicht nur, dass das Personal deutsch sprach, offensichtlich stimmte auch der gesamte große Rest, der zum Komfort und zur guten Laune an Bord betrüge. Von den Kochkünsten Eberhard Blüthners aus dem binnenländischen Leipzig waren die Passagiere auf der »Arkona« jedenfalls immer begeistert – egal aus welchem Teil der deutschen geteilten Nation sie stammten.

Es ist aber bezeichnend für die Anpassungsfähigkeit von Menschen jenseits der DDR-Schifffahrt, dass vom westdeutschen Veranstalter während der Kreuzfahrten Pressemeldungen, die die DDR zu heftig angriffen, auf dem Schiff nicht verbreitet wurden. Wie nennt man so etwas: anpassungsfähig, schleimig, gelungen?

Die »Arkona« steht natürlich nicht für die gesamte Seefahrt der DDR. Sie ist ein Einzelfall. Was man auf ihr praktizierte, galt für die übrige DDR-Schiffswelt beileibe nicht. So ist etwa diese merkwürdige und lebensfremde Anweisung, dass Besatzungsmitglieder nur in Gruppen an Land gehen sollten, bei der übrigen Flotte nie durchsetzbar gewesen. Wahrscheinlich hat man dort nur gelacht, wenn wieder eines dieser Zeichen von sehr schlichtem Weltverständnis aus der oberen Etage ein-

Seite 104/105 ❙ Die »Fritz Heckert« im Schwarzen Meer

Seite 106 ❙ Bei einer Liegezeit von mehreren Wochen wurde kurzerhand das Rettungsboot zum Segelboot umgebaut, um die Region zu erkunden und sich die Zeit zu vertreiben

❙ Das Kühlschiff »Fritz Reuter« unter Palmen: Die in der Heimat begehrten Bananen wurden u. a. mit diesem Schiff importiert, das daher den Spitznamen »Banane I« erhielt

Souvenirs für die Heimat werden an Bord gebracht

traf. Und auch für die »Arkona«-Besatzung gab es einen Unterschied zwischen dem, was angewiesen und jenem, was gemacht wurde. Wie überall auf der Welt.

Die geteilten Urlaubsvergnügungen auf ost- oder westdeutschen Kreuzfahrten hatten 1990 ein Ende. Auf der »Arkona« war nach fünf Jahren wieder einmal Flaggenwechsel angesagt. Am 3. Oktober 1990 wurde die DDR-Flagge eingeholt – wohl für immer – und die bundesdeutsche Flagge aus dem Wandschrank hervorgesucht, wo sie fünf Jahre gewartet hatte, und aufgezogen.

MEHR FRAUEN

Seemänner sind meist Männer – logisch. Vereinzelt trifft man aber auch Frauen auf großer Fahrt, und das nicht nur auf den großen Urlauberschiffen, wo sie zur Bedienung und zum fröhlichen Teil der gesamten Besatzung gehörten, sondern auch im Fischfang. Eine Besonderheit der DDR-Seefahrt im Fischereibereich war die hohe Anzahl von Frauen an Bord. Dies hing mit der technologischen Entwicklung im Fischfangbetrieb zusammen. Da man die gesamte Produktionskette auf das Meer verlagert hatte, beginnend beim Fang und endend bei der Verarbeitung und Verpackung, wurden Frauen als Arbeitskräfte unter Deck gebraucht. So kamen zu den schon länger zur Seefahrt gehörenden Stewardessen und Küchenfrauen die Produktionsarbeiterinnen hinzu. Insgesamt bestanden die Besatzungen der großen Verarbeitungsschiffe zu 20 bis 30 Prozent aus Frauen.

Stewardessen an Bord von Handelsschiffen gab es erst seit Anfang der 60er-Jahre. Davor gab es Suppe aus Eimern

Sie vollbrachten dort nicht nur einen großen Teil der harten und eintönigen Arbeit, sie wurden auch zum zweiten Problem auf dem Meer. Das erste Problem war der Alkohol, und nun gab es eine Abwechslung dazu: Frauen. Die schwierigste Zeit für einen Kapitän war jene, in der die neue Mannschaft zusammenwachsen musste, bevor sie die Fanggründe erreichte. Solange sich nicht alle Paare gefunden hatten und nicht alle Alkoholiker diszipliniert waren, litt der Kapitän unter der brodelnden Unbeherrschtheit seiner Mannschaft. Dann – wenn sich die Wogen geglättet und alle Verhältnisse geordnet und bekannt waren, konnte die gute Zeit auf dem Meer beginnen. Paare wurden problemlos geduldet – die Schiffsführung war sogar froh, wenn es feste Paare gab. Unduldsam war man gegenüber Verheirateten, die sich am andersgeschlechtlichen Bordpersonal vergriffen. Da die Besatzungen nicht selten an Land nah beieinander – womöglich sogar in einem Neubaublock – in Rostock wohnten, kam eigentlich jegliche Untat, die an Bord geschehen war, früher oder später an Land an. Insofern mussten die Kapitäne dann auch dafür sorgen, dass es keine Verhältnisse gab, die zu Hause für Ärger sorgten. Für solche Fälle gab es die damals normale Vorgehensweise: eine Aussprache, und wenn diese nicht half, dann wurden die unverbesserlichen Paare getrennt – es sei denn, sie brachten »Ordnung« in ihre Beziehungen.

Auf der anderen Seite entstanden auf diesen Reisen oftmals Beziehungen, aus denen später feste Ehen mit glücklichen Kindern wurden. An sich waren die Menschen an Bord in der Regel jung und abenteuerlustig. Da musste das so sein.

Fast gleichzeitig zu dem Beziehungsstress zu Beginn jeder Reise erfolgte die Spitznamensgebung. In der Regel hatte jeder an Bord seinen Spitznamen. Diese oft spöttischen Namen wurden auf dem ersten Reiseabschnitt vergeben. Wer da also »Knutschmaul« oder »Klapptür« genannt

Seite 110 **I** Eine Stewardess beim Anrichten in der Mannschaftsmesse

oben **I** Kabine einer Stewardess – den Luxus einer eigenen Dusche gab es nur auf den neuen Schiffen
unten **I** In dieser kleinen Küche haben die Stewardessen das Geschirr aufbewahrt und gereinigt

Zwei Stewardessen beim Landgang in Chittagong (Bangladesch). Ein Fotoapparat lockte immer viele Menschen an

wurde, hatte sich seinen Namen verdient und trug ihn, solange er fuhr.
Auch auf den Kreuzfahrtschiffen arbeiteten in der Regel mehr Frauen. Da es sich bei diesen Schiffen um »schwimmende Hotels« handelte, war auch das Personal den Aufgaben entsprechend geschlechtstypisch gemischt.
Ebenfalls bunt gemischt waren die Reisegäste. Es fuhren nämlich bei Weitem nicht nur brave Stahlwerker oder Wismuthauer, die ihre Norm mit 300 Prozent erfüllt hatten, über die Meere, sondern ebenso schwedische Rentner und dänische Lehrer im Ruhejahr. Die »Art« der Reisenden war abhängig vom Charterer des Schiffes. Neben den DDR-Charterern FDGB oder dem Reisebüro wurden die Schiffe auch von Polen, Tschechen oder Ungarn, von nordeuropäischen Staaten, englischen Gesellschaften und später dann eben auch von Neckermann oder TUI gechartert. Damit änderten sich natürlich die Passagiere, die somit aus aller Herren Länder kamen und von dem Personal in der Regel immer die gleiche große Aufmerksamkeit, die gleiche gute Leistung verlangten.
Die Beschäftigten an Bord der Urlauberschiffe hatten neben ihrer »normalen« Arbeit noch das Kunststück der ständigen Anpassung ans Publikum zu vollbringen. Die Art der Passagiere bestimmte – in gewissen

Arbeitsplan einer Stewardess für die MS »Schwerin«

4. Reinschiffbereiche

Oberstewardeß Fiedler:	Kapitän, Kapitänspantry; II.NO; O-Messe; Lasten und Stores
Stewardeß Haßmann:	Passagier (106); III.TO; II.TO; AO; Lotsenkammer; bei I.TO nur Wäsche;
W-Helfer Thoms:	Erster Offz.; III.NO; E-Ing.; Passagiere (77)
W-Helfer Kosik:	LTO; FO; PO; TOH;

5. operative Reinschiffbereiche

Messedienst:	Mannschaftsmesse
Pantrydienst:	Schwarzmesse und Kühlschrank zu jeder Mahlzeit; Gang vor der Schwarzmesse; Getränkeautomat reinigen; Pantry und Pantrykühlschrank;
Kombüsendienst:	Gänge und Niedergänge; alle Kochstellen auf den Gängen; Dienstag und Freitag Großreinschiff der Gänge und Niedergänge (fegen und feudeln); ansonsten täglich fegen und Servusbehälter 2 x wöchentlich leeren; Wandascher täglich leeren;

6. Arbeitsorganisation

- Die Kammern des Kapitäns, Ersten Offz., LTO und der Passagiere sin täglich zu reinigen.
  Montag, Mittwoch und Sonnabend in allen Kammern Reinschiff.
  Dienstag, Donnerstag, Freitag und Sonntag Kurzdurchgang.
- Reinschiffarbeiten in den Kammern sind in der B. o2-1 festgelegt.
  DUSCHEN UND TOILETTEN GEHÖREN NICHT ZUM REINSCHIFFBEREICH WIRTSCH!
  Papierkörbe leeren und reinigen; Staub wischen und saugen; Möbel polieren; Nach Bedarf Fensterkästen reinigen; Fenster putzen, Teppichränder und Scheuerleisten feucht abwischen;
  Wäschetausch bzw. Handtuchtausch am Sonnabend in allen Offz.kammer
- Donnerstag und Sonntag gründliches Reinschiff in Pantry und Messen (Tischwäsche, Menagen, Kühlschränke abtauen usw.)
- einmal pro Reise anfallende Arbeiten:
  - waschen von Gardinen
  - Farbe waschen der Gänge
  - Reinigung der Teppiche, Lamp Polstermöbel und Farbe wasc in der Kammer

7. Anfallende Arbeiten der Oberstwewardeß

- Service Offiziersmesse
- Ausgabe von Getränken, Transit und Wäsche lt. Plan
- Service für Lotsen, Klarierung und Gäste des Kapitäns
- Abrechnungen und Buchungsarbeiten

Wenn Neptun seinen Tribut fordert, wird auch die weibliche Besatzung nicht verschont. Beim »Stinkerfass« wird allerdings Erbarmen gewährt, hier mussten nur die männlichen Kollegen Bekanntschaft mit den Essensresten der letzten Tage machen

Grenzen – natürlich auch den Ton und damit Sprachregelungen. Zu Schweden sagte man »Du«, zu Hamburgern »Herr Senator« und zu Max Müller aus Schneeberg »Max Müller«. Das Ganze ähnelte der Darbietung einer Theatergruppe, die drei oder vier Stücke im Repertoire hat und immer bei Reiseveranstalterwechsel ein anderes Stück aufführt. Wichtig war dabei nur, dass alle »Stücke« mit gleicher Hingabe gespielt wurden und auf gleich hohem Niveau waren. Das Personal an Bord der Kreuzfahrtschiffe – am Ende fuhr ja nur noch eines – kannte die Welt, sie kannten die Menschen und sie wussten, dass Unhöflichkeit, Verlogenheit oder Dummheit nicht an die Landeszugehörigkeit gebunden sind. Insofern hatte – einschließlich der Frauen vom Servicepersonal – niemand an Bord der DDR-Urlauberschiffe größere Schwierigkeiten, sich auf die neuen Passagiere einzustellen, wenn die Charterer wechselten und mit ihnen das Publikum.

Die Frauen an Bord vieler Schiffe sind natürlich auch vom Geld gelockt worden. Andererseits ließen sich hier auch zuverlässige Ehemänner finden. In der Regel bot das Bordleben gute Voraussetzung für eine gelungene Partnerwahl. Erstens gab es Männerüberschuss, die Auswahl war folglich größer als in einem Textilbetrieb im Vogtland, zweitens waren die Arbeitsbedingungen recht hart, man lernte also schnell, auf wen man (frau) sich verlassen konnte, und drittens ist ja bei meeresbegeisterten Männern davon auszugehen, dass sie überwiegend treu und zuverlässig in den eigenen Hafen zurückkehren, bevor es sie wieder aufs Meer zieht. Zumindest ist die Wahrscheinlichkeit, dass dem so ist, sehr groß.

Vorher stand allerdings bei den seefahrenden Frauen wie auch bei jungen Männern die nicht klar zu definierende Sucht nach der offenen, freien Welt. Wer aufs Meer wollte, wollte ja eher andere Länder, andere Klimazonen und vielleicht auch andere Menschen erleben. Statt ein – wie schön auch immer gestaltetes – Buch über Stockholm zu lesen und anzusehen, will der Seefahrer, die Stadt auf den Schären selbst sehen, selbst riechen, selbst schmecken. Leider liegt Paris nicht direkt am Meer …

DIE GRÖSSTEN AUSFAHRTEN ALLER ZEITEN

Ursprünglich nur für den eigenen Bedarf gedacht, übernahm die Handelsschifffahrt der DDR bald den Transport von »fremden« Gütern von und in fremde Häfen. Die Ursachen für diese Entwicklung sind zumindest in drei Richtungen zu suchen: Zum Ersten war es notwendig, die Industriegüter der DDR in die Käuferländer zu transportieren und auf den Rückfahrten ebenfalls Ladung mitzunehmen, zum Zweiten war es ein lohnendes Geschäft, die Schiffe mit fremden Waren zu beladen und Transporte im Auftrag durchzuführen, und zum Dritten wurden zu Beginn der 60er-Jahre die afrikanischen Länder unabhängig und benötigten nun – so unerwartet wie der ostdeutsche Teilstaat nach 1945 – Transportkapazitäten. Auf diesem Markt tummelte sich die DDR – und mit ihr die anderen Länder des sozialistischen Lagers. Es ging dabei nicht vorrangig um Frachtraten, hier ging es darum, einen Markt für sich zu erschließen,

Die DDR reiht sich auch in den steigenden Containerverkehr ein

von dem man sich ein gewaltiges Wachstum erwartete.

Der direkte Anfang für DDR-Seefahrt war allerdings noch sehr bescheiden. Die ersten Schiffstransporte fanden zwischen zwei Ländern und zwei Häfen statt, das Transportvolumen (und damit auch der Verdienst) wurde zwischen den beiden beteiligten Reedereien ausgehandelt. In Schieflage gerieten solche Warentransportbeziehungen immer dann, wenn ein Land zwar große Ausfuhren, aber weniger Einfuhren hatte. Dann waren die »Rückwege« in der Regel fracht- und damit auch verdienstfrei. Diesen unökonomischen Leerfahrten begegneten die traditionellen Schifffahrtsländer, indem sie bereits hundert Jahre früher die sogenannten »Konferenzen« bildeten, Zusammenschlüsse die monopolartigen Absprachen zu den Frachtraten und den beteiligten Schiffseignern beförderten.

England, die Seefahrtnation Nummer eins, hatte diese Konferenzen eingeführt, als es um den Warenaustausch zwischen seinen riesigen Kolonien in Südostasien bzw. Indien und dem gesamten europäischen Festland ging. An diesen Konferenzen waren – nach Möglichkeit – sämtliche Reeder, die in besagtem Gebiet unterwegs waren, beteiligt und gemeinsam wehrte man sich gegen Außenseiter, sprach die Preise ab und teilte die Transportraten untereinander auf – so ähnlich wie dies heute die großen Kaffeeröstereien machen. Diese Kartelle, zumeist mit Sitz in London, ließen neue Mitglieder in der Regel nicht zu. Die Engländer und ihre europäischen Mitmacher hatten ihr System der Transportraten, und Neulinge waren nicht erwünscht.

Nun entstanden – ebenfalls in Europa, wenn auch etwas östlich – neue Transportkapazitäten. Es war nicht nur Ostdeutschland, das sich eine Flotte anschaffte, auch die Polen bauten Schiffe und befuhren die Weltmeere. Durch diese beiden Neueinsteiger und eine Reihe anderer »neuer« seefahrender Nationen kamen die alteingesessenen Kartelle, die Konferenzen mit englischem Wohlwollen, unter Druck. Anfangs wehrte man sich gegen die »roten Flotten«, man wollte die Konferenzen sauber halten. Alles hatte mehr als hundert Jahre lang gut funktioniert und die Beteiligten sahen keinen Grund, dieses wunderbare System der Preisabsprachen und Verdienstgarantien zu ändern. Niemand auf der Welt ändert Dinge, die gut funktionieren – es sei denn, er wird gezwungen. Auch bei den Westeuropäern setzte bald nüchternes und wohl auch kaufmännisch begründetes Denken ein. Allerdings kam die Vernunft nicht von selbst, ein bisschen Druck brauchte es schon. So war das Jahr 1964 für die Welthandelsschifffahrt ein wichtiges, als in Genf beschlossen

Seite 116 ❙ Ein winziges Stück Zuhause für mehrere Wochen und Monate: Matrosen in ihrer Koje auf der »Freundschaft«

❙ Die »Freundschaft« erhält ihren Neuanstrich vom Arbeitsboot aus

BERGEN

BANSIN

Seite 118/119 ❙ Die »Bergen« war erst ein Stückgutfrachter, der dann zum Containerschiff umgebaut wurde. Diese wurden dringend benötigt, damit die DSR auch im Containerdienst zu einer der führenden Mittelmeerreedereien aufsteigen konnte

(bzw. empfohlen) wurde, dass man diese Konferenzen auch für andere, für neue Schiffseigner öffnen müsse. Die Neulinge, die da heftig an die Türen der Londoner Büros klopften, waren die »roten Flotten« und natürlich auch die vielen kleinen nationalen Reedereien Afrikas, die sich von ihren bisherigen Kolonialherren unabhängig gemacht hatten.

Die ebenfalls schon einige Zeit bestehenden amerikanischen Konferenzen waren dagegen von Beginn an offen für neue Partner. Dort wurde – im Gegensatz zu den alteuropäischen Konferenzen – Mitglied, wer etwas zu transportieren hatte oder über die benötigten Transportkapazitäten verfügte. Die Amerikaner waren in dieser Hinsicht wesentlich demokratischer bzw. liberaler als die Europäer. Diese Besonderheit der Amerikaner wird oft zu wenig gewürdigt. An alten Kartellen und den dazugehörigen Absprachen finden moderne und rein leistungswillige Neukontinentbewohner nichts Gutes. Manches, was

❙ Die DSR begann 1974 mit dem RoRo-Transport (roll on, roll off) unter der Bezeichnung »DSR-Trailer-Service«

Europäer an den Überseemännern nicht verstehen, ist ganz einfach, wenn man ihre Geschichte als Abnabelung vom alten »Gewohnheitseuropa« versteht.

In diesem Durcheinander an Transportmöglichkeiten und Transportbedürfnissen stieg die Staatsreederei des ostdeutschen Teilstaates relativ schnell ein – und dann auch auf. Man baute Schiffe, man bildete Besatzungen aus, also transportierte man auch. Und da man zuverlässig und wahrscheinlich auch ein bisschen billiger war, nahmen die Transportraten stetig zu. Das führte wiederum dazu, dass mehr Schiffe eingesetzt, mehr Seeleute ausgebildet wurden und eben noch mehr über die Weltmeere geschippert wurde.

Nachdem die Ostsee kreuz und quer durchschifft wurde, fuhr man schnell in die Nordsee, von dort ins Mittelmeer – Ägypten taucht als Handelspartner der DDR sehr bald auf. Wenig später waren es die jungen afrikanischen Staaten, die angelaufen wurden. Kuba schob sich dazwischen – die kubanische Revolution führte zum Abbruch der traditionellen

Die MS »Dierhagen« wurde meist als Zubringer zwischen den Häfen im Mittelmeer eingesetzt, hier sitzt das Schiff im Eis der Ostsee fest

ERG

Seite 122/123 I Warten auf eine Ladung China-Clay vor Fowey (Cornwall)

kubanischen Handelsbeziehungen zu ihren Nachbarstaaten, und so sprangen Osteuropäer, die Sowjetunion und eben auch die DSR ein. Hier war sicher weniger Geld zu verdienen, bei diesen Diensten ging es eher um das Schmieden einer »Gegenallianz« – gegen wen auch immer.

Diese Verbindung zwischen politischem Weltagieren und schlichtem kommerziellen Handeln führte auch zu einem denkwürdigen Schiffsverlust vor Angola. Dort beschädigten Haftminen die »Arendsee« 1984 so schwer, dass sie zuerst auf Grund gelegt, dann entladen und schließlich im offenen Meer versenkt wurde. Solche Ereignisse haben bei den beteiligten Seeleuten gewiss Spuren hinterlassen. Angriffe auf Händler sind in jedem Krieg nur ein äußerstes Mittel und nie wirklich gerecht und hilfreich. Nun gut, die Besatzung wurde vollständig gerettet und das Schiff war bestimmt gut versichert. Auf jeden Fall gerieten damit auch die DSR-Schiffe und mit ihnen die Besatzungen ins politische Weltgeschehen. Einfach so übers Meer fahren war nicht.

I Die Ladung musste in China ins Landesinnere gebracht werden. Für den Fluss war die »Berlin« zu groß und zu schwer, daher hatte man noch die kleinere MS »Poel« mitgenommen, die den weiteren Transport übernahm, also zwischen Zielhafen und Hauptschiff hin und her pendelte

Matrosen auf der MS »Schwerin« während der Fahrt nach Mittelamerika

Kurz vor der Einfahrt in die Ballah-Weiche. Die Durchfahrt des Suezkanals ist immer nur in eine Richtung möglich, daher gibt es Ausweich- und Wartestellen, wie die Ballah-Weiche

Das Küstenmotorschiff »Poel« beim Beladen in Vietnam. Es wurde dort als Zubringer eingesetzt und 1979 von der Regierung der DDR an Vietnam verschenkt

Neben den erwarteten Schwierigkeiten mit Handelskonkurrenten hatte der wachsende Schiffsverkehr auch mit Problemen im »eigenen osteuropäischen Haus« zu kämpfen. Viele gut gedachte Zusammenschlüsse, Beratungsgremien oder Interessenverbände der osteuropäischen Länder, die sich dann in einer Institution niederschlugen, die Rat für gegenseitige Wirtschaftshilfe (RGW) hieß, funktionierten nicht oder nur langsam und schlecht. Der auf der westlichen Seite Europas regierende Eigennutz im Zusammenhang mit den Kriegserfahrungen führte schneller und effektiver zu Zusammenschlüssen und Absprachen als jener langsame Interessenabgleich in der sozialistischen Welt. Merkwürdigerweise war die Ungleichbehandlung zwischen den Staaten und Völkerschaften in Osteuropa größer als in Westeuropa.

Die DSR hielt sich, wenn möglich, vorrangig an ihre eigenen Erfahrungen und Interessen, und damit fuhr sie in der Regel gut über die Weltmeere. Ihr Liniendienst wuchs unablässig, die Gütermengen stiegen, und während in Westeuropa die Schiffe zunehmend ausgeflaggt und mit billigeren Seeleuten besetzt wurden, fuhr man ab Rostock mit gutem Personal und

Eine Feier für die Besatzung auf der MS »Poel« in Vietnam nach getaner Arbeit

guten Schiffen auf allen Ozeanen. Im Prinzip lieferte man schon damals eine gleichbleibend hohe Qualität, ein Anspruch, von dem heute jeder europäische Hersteller redet, ihn aber durch Chinesen einlösen lässt – so weit dies möglich ist.

Ähnlich wie im Bereich der Fischerei war aus dem unbeleckten Seefahrtsneuling ein ernsthafter Anbieter von Leistung geworden. Und dieser Anbieter wuchs und wuchs, und er war noch nicht so sehr verknöchert, dass er alle technologischen Entwicklungen verpasst und verschlafen hätte. Eine Erfindung, die die Weltseefahrt maßgeblich veränderte, wurde erstmals 1956 in Amerika eingesetzt: der Schiffscontainer. Was wir heute als normal empfinden und was jene Seeleute, die das containerlose Zeitalter noch kennen, als die »schlimmste Erfindung« bezeichnen, veränderte auch die Schiffe mit Heimathafen Rostock. Runde zehn Jahre nach seiner erstmaligen Nutzung tauchte der Container und mit ihm das Containerschiff an Mecklenburg-Vorpommerns Küste erstmalig auf. Das zugehörige Hinterland musste sich natürlich ebenfalls auf diese neuartige Transporttechnologie einstellen. Das hieß, Bahnhöfe und Bahnlinien mussten eingerichtet und Container gebaut werden, auch ein

Teil des Lkw-Verkehrs wurde umgerüstet. Die mitteleuropäischen Länder ohne Zugang zum Meer, die ihre Warentransporte durch die kleine DDR fließen ließen, stiegen ebenfalls um.

Noch einmal galt es, die Vorteile einer zentralisierten Hierarchie zu nutzen. Man musste nicht nur die Transportwege neu einrichten, für Schienen- oder Autoverkehr ertüchtigen, man musste auch neue Schiffe bauen – bzw. ein paar der älteren Frachter auf die neue Containertechnologie umrüsten. Wahrscheinlich waren die ausgehenden 60er-Jahre eine Zeit, in der das DDR-Transportwesen noch ein eigenes Leben führte und noch nicht derartig stark eingeschränkt war, dass sich zum Ende hin nichts mehr bewegte. Jedenfalls beschleunigte das nun beginnende Containerzeitalter die Transportgeschwindigkeit auf rasante Art und Weise. Die Hafenliegezeiten nahmen ab, die Größe der Schiffsbesatzungen ebenfalls, nur die Transportmengen nahmen zu. Aus heutiger Sicht betrachtet beginnt mit dem Container die Globalisierung. Der Container als standardisierte Transporteinheit hat selbst die Gewichtstonnage für Schiffe abgelöst. Heute misst man die Transportfähigkeit eines Schiffes nicht mehr nach der Wasserverdrängung im beladenen Zustand (tdw), sondern in der Anzahl der zu transportierenden Container. Nur noch Massengutfrachter und Öltanker fahren ohne diese rechteckigen und bunten Kisten herum. Und natürlich auch die Kreuzfahrer!

Während international viele verschiedene Entwicklungen anliefen, jeweilige Höhepunkte erreichten und bald wieder versandeten, fuhr das Transportsystem à la DDR kontinuierlich – deswegen aber nicht besser oder billiger. Manchmal ist es gut, eine Entwicklung zu verschlafen, manchmal hat man den Anschluss dann total verpasst und beginnt am Ende ziemlich von vorn.

In dem heftigen Wechsel von Ölkrisen, Befreiungsbewegungen, Annäherungen und Abkehr war die DSR zu einem großen und zuverlässigen Transporteur geworden. Welche Kosten dieser gute Stand nach außen hin im Inneren des Landes verursachte, welche inneren Probleme ungelöst blieben, um international und außerhalb Dinge zu regeln, ist kein Material für eine vernünftige Kosten-Nutzen-Rechnung. Im Endeffekt sind die Menschen und ihre veränderlichen Bedürfnisse schwer zu berechnen – vielleicht sogar überhaupt nicht? Unbestritten war es eine gewaltige und große Leistung, dieses Transportsystem aufgebaut zu haben. Warentransport braucht eine friedliche Welt immer.

VON HIER AUS GEHT ES NUR NACH OSTEN

Auch in ihrer späten Phase – etwa ab 1980 – war die DDR auf den ungestörten Außenhandel noch genauso angewiesen wie in ihren Entstehungsjahren. Ihre Rohstoffbasis war in der Zeit nicht gewachsen – das Einzige, was sie ausreichend besaß, war die Intelligenz ihrer Bevölkerung. Mit Intelligenz allein kann man allerdings nicht handeln, wohl aber mit Gütern, die aus technischer Intelligenz erwachsen. Die dringend benötigten Rohstoffe wurden in der Regel durch die Ausfuhr von Industriegütern bezahlt. Da die Ostmark nicht frei konvertierbar war und die Devisen knapp, kaufte die DDR ihre Rohstoffe dort, wo sie als Gegenwert Industriegüter absetzen konnte. Der größte Handelspartner in diesem System war die Sowjet-

1983 herrscht noch Chaos auf dem Gelände, wo zwei Jahre später der Fährhafen Mukran eröffnet wird

PREROW
ROSTOCK

GREIFSWALD
ROSTOCK

Seite 130/131 ▎ Im Eiswinter liegen die Küstenmotorschiffe im Sassnitzer Hafen fest

▎ Die ersten Konturen der künftigen Anlagestelle »Rostocker Kasten« im September 1984

union – im letzten Jahr der DDR wurden mehr als 50 Prozent aller Im- und Exporte mit dem großen Bruderland getätigt. Die Transportwege dorthin führten entweder über die Ostsee oder über Land und dabei durch Polen. Da Warenabsender und Warenempfänger schon über Jahrzehnte gleich blieben, die Warenmenge selbst aber kontinuierlich stieg, gab es schon ab den 60er-Jahren verschiedene Anläufe, einen festen Transportweg zwischen den beiden Volkswirtschaften anzulegen.
Diese ersten Planungen und Untersuchungen wurden sehr gründlich durchgeführt. Dann legte man sie in die Aktenschränke, denn das Bruder- und Transitland Polen

❙ 1983: Arbeiten für ein Fährbett im Hafen Mukran

hatte Einspruch erhoben. Dort mochte man es nicht, wenn es eine zu direkte Verbindung zwischen der einstigen Siegermacht und dem einstigen Kriegsschuldigen geben sollte, und konnte sich einige Jahrzehnte mit dieser Verhinderung durchsetzen. Die politische Entwicklung ab 1980, vor allem die Streiks in Polen und die relativ willkürlich sich ändernden Transitgebühren bei Transporten durch das Freundesland, führten dann dazu, dass man in den 80er-Jahren die alten Pläne wieder aufgriff und bereits ab 1982 den Fährhafen Mukran baute. Er wurde damit zur letzten große Verkehrsbaustelle der DDR.

Eine Besonderheit dieser Hafenanlage ist die »direkte« Schienenverbindung zwischen der osteuropäischen Breitspur und der europäischen Normalspur. Insgesamt kann man in den Hafenanlagen auf 40 Kilometern Breitspur und auf 70 Kilometern Normalspur die Waggons rollen lassen. Theoretisch kann man dadurch von Wladiwostok am Japanischen Meer bis Mukran in russischen Waggons und auf Breitspur fahren – unterbrochen nur durch das Fährstück über die Ostsee. Die Finnen fahren – wie auch die baltischen Länder – ebenfalls auf der breiten Spur von 1.520 Millimetern.

Die am damaligen Weltzustand orientierten Planungen führen heute dazu, dass in Mukran nach russischen Verladevorschriften beladen werden kann – eine große

VOLGAST
ROSTOCK

DIERHAGEN

Erleichterung für den ungestörten Handel mit einem großen und manchmal etwas eigenwilligen Handelspartner. Durch diese Anbindung an das einstige östliche Riesenreich sind heute über den Eisenbahnfährhafen gleich ein Dutzend kontinentaler Staaten wie Weißrussland und die Ukraine, aber auch Turkmenistan, die Mongolei und am Ende Nordchina auf der breiten Spurweite schnell erreichbar.

Die gesamte Angelegenheit Fährhafen wurde zu einer ungewöhnlich schnellen Sache, es wurde schnell beschlossen, schnell begonnen und schnell umgesetzt. Bereits 1986 nahm der Fährhafen mit der Eisenbahnfähre »Mukran« den Betrieb auf. Mit Sicherheit gab es umfangreiche Vorarbeiten und lange in Schubladen ruhende Baupläne, ansonsten hätte dieses gewaltige und heute sehr nützliche Verkehrsobjekt nie in solch kurzer Zeit gebaut werden können. Es ist schon erstaunlich, wie gut geplante Verkehrsprojekte – von den großen Umbrüchen in der Welt unberührt – einfach nur gut funktionieren.

Als Gegenstück für Mukran wurde – damals noch in der Sowjetunion – der Fährhafen in Klaipeda gebaut. Dort werden die russischen Waggons von den Schiffen »gelassen« und fahren dann auf ihrer angestammten Spurweite. Seine erste Bewährungsprobe bestand der

Seite 134/135 I Das Küstenmotorschiff »Wolgast« lief 1957 als erstes DDR-Schiff in den Hamburger Hafen ein und sitzt hier im Eis des Finnischen Meerbusens fest. Die Fahrten nach Osten gingen im Winter meist durchs Eis. Die »Rote Linie« wurde von vielen, die sonst nach Asien oder Amerika fuhren, als Strafe empfunden

Seite 136 I Der Winter in der Ostsee fordert den Schiffen einiges ab

I Das Fährschiff »Klaipeda« an der Pier im Hafen Mukran

12

Seite 138 I Das Küstenmotorschiff »Arcturus« transportierte neben Wartburgs auch Skodas nach Skandinavien, wie hier im Jahr 1963

Seite 139 I Löschen der Ladung in Helsinki

Ostseetransportweg ab 1990, als über ihn der Rücktransport der sowjetischen Truppen aus Deutschland erfolgte. Eine große Armee mit vielen militärischen Gerätschaften trat nach fast 50 Jahren Aufenthalt ihren friedlichen Rückzug in die Heimat an.

Der Fährhafen Mukran funktioniert noch in einer weiteren Hinsicht sehr gut. Neben dem Anschluss an Osteuropa und Innerasien lassen sich von hier aus die skandinavischen Länder sehr gut und schnell erreichen. Ob Dänemark oder Schweden, ob Finnland oder eben Russland – der Wasserweg dahin ist kurz.

Ein weiterer großer Vorteil für Mukran, den östlichsten Tiefwasserhafen Deutschlands, besteht darin, dass dieser Hafen nicht langwierig und kompliziert angefahren werden muss. Man kommt sozusagen vom Meer direkt in den Hafen, dazu braucht man auch keinen Lotsen und nur ganz wenig Zeit. Die mehr als zehn Meter Wassertiefe im Hafenbecken reichen aus, um fast alle ostseefähigen Schiffe in ihm abzufertigen.

Ganz aktuell ist die Nutzung Mukrans beim Bau der Ostsee-Gaspipeline. Ein Großteil des deutschen Baumaterials für dieses Rohstofflieferprojekt wird über Mukran auf den Weg gebracht. Die dicken zukünftigen Gasrohre werden im Hafengelände zwischengelagert. Und auch ihre Ummantelung, die nötig ist, bevor man sie in der Ostsee versenkt, findet im Hafengelände Mukran statt.

Der früher vielleicht etwas verlachte Hafenstandort auf Rügen, von dem Schiffe »nur« ostwärts fahren und auch nur Stunden unterwegs sind, hat heute eine wichtige Funktion im Welthandelsgetriebe. Die modernen Seefahrer aus Mukran sind nicht mehr Wochen und Monate unterwegs, sondern nur noch Tage. Seefahrer sind sie allemal.

I Fährverkehr in der Nordsee

TINTENFISCHE ALS ERSATZ

Ab 1980 waren die Rückgänge an Fisch selbst für die gewieften und inzwischen auch mit ansprechendem technischen Know-how ausgerüsteten Ost(see)fischer nicht mehr zu kompensieren. Viel zu wenig Hering oder Dorsch verschwamm sich in den riesigen Schleppnetzen und konnte als gesundes Eiweiß nach Sassnitz oder Rostock geschickt werden. Da fuhr nun eine der stolzesten (und größten europäischen) Fischereiflotten auf den Weltmeeren, eine Flotte, die den industriellen Fischfang wesentlich vorangebracht hatte, und jetzt machten sich die Fische rar – und einige Sorten hatten sich schon längst in Dosen oder Fischmehlfabriken verflüchtigt.

So eine Flotte kostete Geld, wenn es auch nur DDR-Geld war, es tat weh. Mehr als 2,5 Millionen DDR-Mark täglich! Da man die bekannten und beliebten Fischsorten immer weniger antraf, wurde nach anderem gesucht. So ein anderer Fisch, der Tintenfisch, schwamm noch in einigen Mengen durch die Gewässer. Also fing

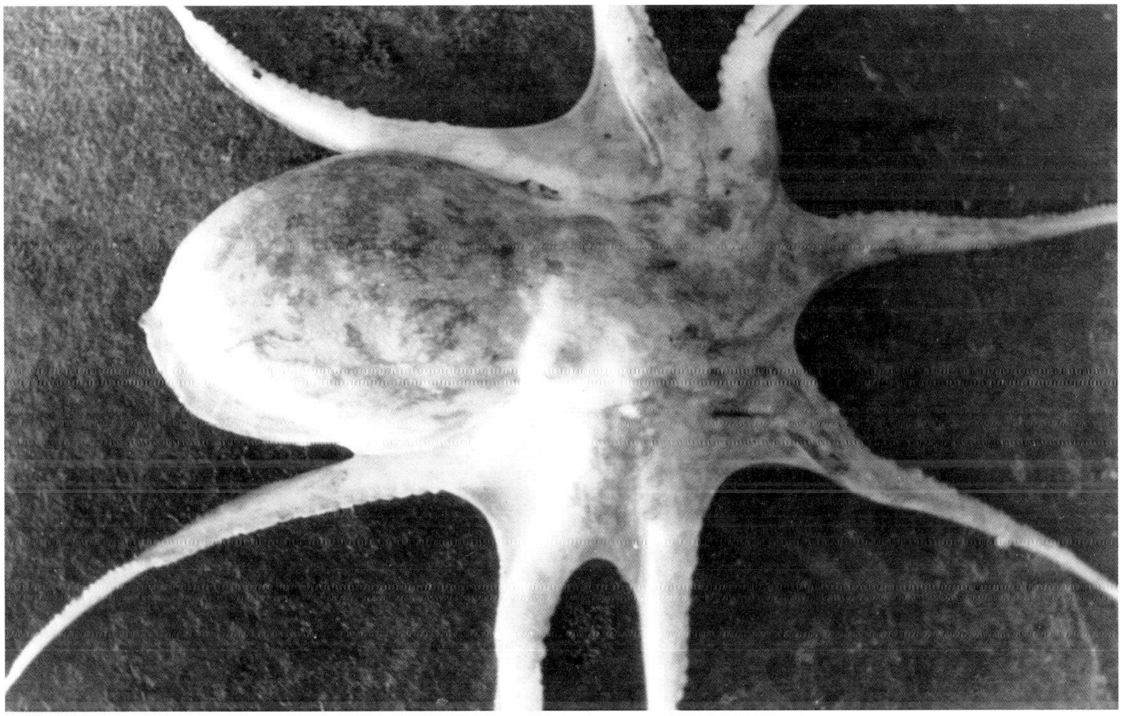

Was sonst nur als Beifang galt, wird nun per Auftrag vor Mosambik gefangen

Fischverarbeitung am Fließband: Der Fisch wird aus dem Fischbunker geholt und über Förderbänder der Verarbeitung zugeführt

man Tintenfisch. Dazu wurden die Schiffe umgebaut, sie bekamen Angelgestelle, von denen aus lange Angelleinen ins Wasser führten und im Endlosbetrieb Kraken lockten. Als Lockmittel nahm man Licht und buntes Metall. Die Tintenfische ließen sich täuschen und wurden geangelt. Allerdings wollten die Fischgourmets zwischen Sassnitz und Bad Elster keinen Tintenfisch essen. Sie kannten ihn nicht und er schmeckte ihnen nicht, also wollten sie ihn auch nicht. Zu diesen Zeiten war auch die DDR-Fernsehwerbung bereits eingestellt, sodass es keine Möglichkeit gab, die ungewohnte Fischsorte schmackhaft, alltäglich und verkaufsstellentauglich zu machen. Was tut man mit gefangenem Fisch, den man zu Hause nicht los wird? Man sucht sich woanders Käufer, die diesen Fisch mögen. Die Japaner waren die größten Abnehmer von Tintenfisch, und sie zahlten sofort und in bar. Von dem Geld kauften die DDR-Fischer dann Fischereilizenzen oder direkt Frischfisch von einheimischen lizenzierten Fischern, und den schickten sie dann nach Hause.

Auch am Mittelmeer aß man Tintenfisch. So tauschte man auf den dortigen Gewässern ebenfalls Tintenfische gegen Fischsorten, die man in Sassnitz oder

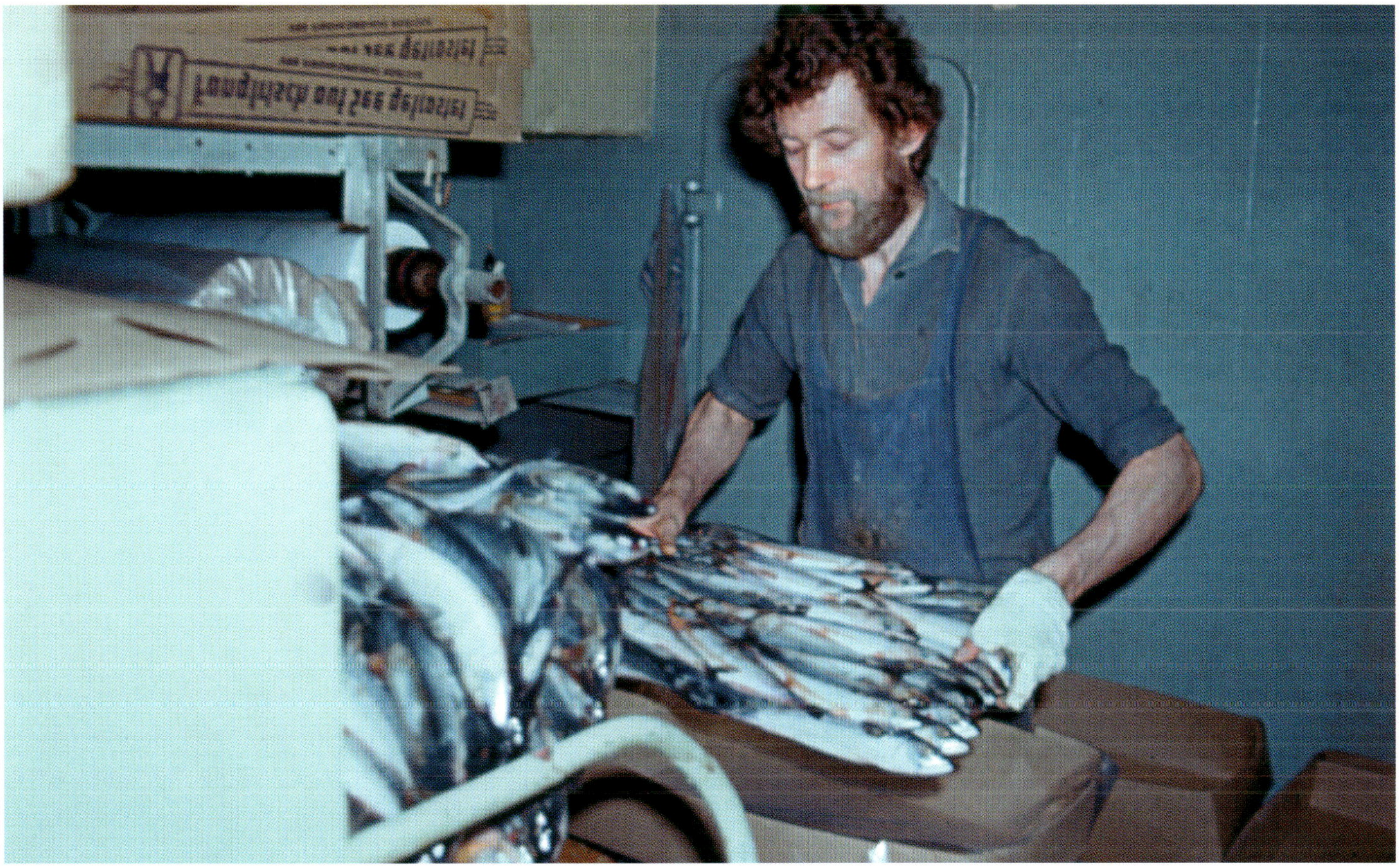

Der Fisch wird in Frostblöcken verpackt. Die Verpackung verspricht: »Fangfrisch auf See gefrostet.«

Rostock weiterverarbeiten konnte. Später verkaufte man die Fänge direkt an Tintenfischinteressenten und noch später fischte man im Auftrag von Anliegerstaaten in deren Hoheitsgewässern und mit deren Fanggenehmigungen nach allem, was sich verkaufen ließ. Teilweise wurden ganze Flottenbestände für längere Zeit verpachtet und umgeflaggt und arbeiteten dann direkt für südamerikanische oder afrikanische Firmen. Die Spezialisierung auf einen Fisch, der schwarze Tinte verspritzt, hatte u. a. zur Folge, dass man die ehemals schönen hellgrauen Rümpfe der Fischereischiffe schwarz anstrich. Auf dem dunklen Untergrund fiel die schwarze Tinte der gefangenen Fische somit nicht auf.

Aber auch das Ausweichen auf den Fang von Tintenfisch half letzten Endes nicht. Eine der größten Fischfangflotten Europas war zu einem Sorgenkind geworden. Und der Staat, der sich dieses Sorgenkind hielt, kam selber aus der Bahn. So war das Ende der DDR gleichzeitig auch das Ende ihrer Fischereiindustrie. Ebenso abrupt und für die Betroffenen unverständlich wurden von heute auf morgen Tausende Beschäftigte in die absolute Freiheit entlassen. Die Schiffe wurden verkauft oder fielen dem Schneidbrenner zum Opfer, die seemännische

Besatzung wurde von 5.000 auf 250 Mann reduziert. Ein Vorgang, der so ähnlich auch andere Regionen betraf und dort auch ähnlich umfassend wirkte. Am Ende blieben eine Menge Erinnerungen.

Während die Handelsschifffahrt weiterhin besteht, wurde die DDR-Fischfangflotte komplett auf das reduziert, was sie vor einem halben Jahrhundert am Ende des letzten großen Krieges auch schon war: eine regionale Küstenfischerei mit dem Mut zu ein bisschen mehr.

Weltweit hat der Fischfang nach wie vor eine große Bedeutung. Die Chinesen, die nicht nur sehr viele Menschen sind, fangen auch sehr viele Fische: Fast 50 Millionen Tonnen sind es inzwischen jährlich. Dagegen nehmen sich die ca. 300.000 Tonnen Fisch, die in der Hochzeit des DDR-Fischfangs in einem Fangjahr in die ostdeutschen Netze gingen, doch sehr bescheiden aus. Heute fängt das ungeteilte Deutschland ein bisschen über 300.000 Tonnen Fisch. Die Deutschen essen heute im Jahr 2010 fast viermal so viel Fisch, wie ihre Fangflotte mit den eigenen rund 1.800 Fischereifahrzeugen anlandet. Den Rest wird zugekauft – bei den Chinesen vielleicht?

Zurück an die Küsten Mecklenburgs. Dort hatte die Fischindustrie innerhalb von rund 40 Jahren einen rasanten Aufschwung genommen und dann einen noch jäheren Absturz erlebt. Von über 400 Fischereifahrzeugen, die mit Rostocker oder Sassnitzer Kennzeichnung weltweit im Einsatz waren, sind nur ein paar Dutzend übrig, die anderen wurden nach der Wiedervereinigung verkauft oder ver-

Seite 144 I Ein Grindwal ist ins Netz gegangen

Seite 145 I Der Fischer Norbert Stacklies mit einem Rochen, der als Beifang im Netz war

schrottet. Die Übriggebliebenen fischen heute überwiegend vor ihrer Haustür, also in der Ost- und Nordsee. Dazu findet sich noch eine Restwissenschaft – die in Ansätzen auch heute noch forscht, warum die Fischbestände schwinden und wie man aus noch größeren Tiefen noch größere Fangmengen ziehen könnte, wenn man denn wollte. Nebenan findet sich ein anderer Rückstand: die Werftindustrie, die einen ihre damaligen Kunden, die ostdeutschen Fischer, offensichtlich mit guten und vor allem sicheren Booten beliefert hatte – der Beweis dafür: Kein einziges DDR-Fischerboot musste auf dem Meer aufgeben werden.
Ansonsten schauen die deutschen Küstenfischer zu, wie andere Nationen, auch europäische, den Rohstoff Fisch weiterhin ausbeuten.

I ROS 201 »Leipzig« war der erste Seitentrawler vom Typ I

DAS TRAUMSCHIFF KOMMT

Eine sehr bemerkenswerte Episode in der Geschichte der ostdeutschen Seefahrt war der Kauf des Traumschiffs durch die DDR, die Umbenennung und das Umflaggen des Schiffes im Hamburger Hafen und nur fünf Jahre später das »Zurückflaggen«, weil es das Käuferland nicht mehr gab …
Zu diesem Zeitpunkt, 1985, hatte die DDR ihr erstes selbst gebautes Kreuzfahrtschiff, die »Fritz Heckert«, schon fast 15 Jahre stillgelegt und somit nur noch die inzwischen uralte »Völkerfreundschaft« als Hort der Freizeit, der Erholung und des Frohsinns auf den Meeren. Der arbeitsintensive Aufbruch aus dem Trümmerland Deutschland lag schon einige Zeit zurück, aus der schönen Vorstellung einer problemfreien Welt war inzwischen eine sehr problematische und durch unzufriedene Gesichter geprägte Zeit geworden. Mancher hatte sich trotzdem

Das Passagierschiff MS »Arkona« wurde 1985 in den Dienst der DSR gestellt und war davor das Traumschiff »Astor« der BRD

❙ Auf den Kubareisen war immer ein kurzer Aufenthalt in Santiago de Cuba vorgesehen, um den Passagieren eine Stadtrundfahrt zu ermöglichen

sehr schön und zufrieden eingerichtet, viele andere immer weniger. Das Land driftete seitwärts, scheinbar steuerlos über den Zeitozean. Die Welt wurde problematischer, undurchschaubarer und komplizierter.

Irgendwo erinnerte sich jemand an die Versprechungen fürs Arbeiter- und Bauernparadies, an großzügige Wohnungen, traumhafte Verkehrskonzepte, sinnvolle Freizeitvergnügungen und Kreuzfahrten für den wirklich bedürftigen fleißigen Werktätigen. Alle und jede Versprechung war nicht mehr erfüllbar – zu teuer, zu spät oder gänzlich falsch – und andere waren einfach über den Kämpfen mit dem Bösen vergessen worden. Und da muss sich jemand, anders kann es nicht gewesen sein, an das »Beruhigungsmärchen« von den Kreuzfahrtschiffen erinnert haben.

Um eine ganze Flotte aufzulegen, so wie in den 50er-Jahren geplant, dafür reichte die Erinnerungsqualität schon nicht mehr aus, aber ein einziges Schiffchen, das hätte man doch ganz gern. Wenn man es schon nicht selbst bauen konnte – zu wenig Stahl, kein Geld und wenig Ahnung –, dann musste es eben gekauft werden. Irgendwo im Lande, ganz geheim und versteckt im letzten Winkel von Berlin gab es da Leute, die sich damit befassten, Devisen, also Westgeld, grüne Fliesen oder was auch immer zu horten und zu sammeln.

Jene Truppe der Zuverlässigen und Selbstlosen bekam den Auftrag, sich um den

Die MS »Arkona« in der Hafeneinfahrt von Santiago de Cuba

Traum vom Schiff zu kümmern. Diese Leute waren sehr informiert, sie guckten Fernsehen auf allen Kanälen und sie kannten das Traumschiff. Die Behauptung, dass sie es kannten, ist natürlich nur visuell gemeint. Jedenfalls dachte man dort, bei den Zuverlässigen, dass das Traumschiff doch genau das Richtige wäre, um der Erinnerung ein reales Bild zu geben. Also erkundigte man sich und überlegte und zählte Geld.

Auf der anderen Seite der Welt ging die Kreuzschifffahrt gerade durch ein kleines Krisenwellental. Selbst die Werbung durch die Fernsehserie »Das Traumschiff« reichte nicht mehr aus, um den Interessierten genügend Geld abzunehmen und das Traumschiff mit Traumrendite fahren zu lassen. Der Charterer hatte dem Besitzer schon mitgeteilt, dass das Traumschiff im realen Wirtschaftsleben augenblicklich zu teuer sei und besser eine Weile stillliegen solle. Genau in diesem Augenblick traf sich – vereinfacht und bildlich gesehen – die bevorstehende dauerhafte Heimkehr in den Liegehafen mit den vom Fernweh getriebenen Wünschen aus dem kleinen abgetrennten östlichen Landesteil.

Welche zwei Menschen genau an dieser Schnittstelle von Zeit und Politik miteinander ins Gespräch kamen, werden wir Normalmenschen nie erfahren. Aber wir wissen, dass es irgendwelche Gespräche

Offiziere stehen in der Nock, dem Freibereich der Brücke

gegeben haben muss. Anhand der Ergebnisse kann man das mit Fug und Recht behaupten.
Die Gespräche drehten sich also um den Kauf der »Astor« und ihre zukünftige Rolle. Dabei ging es um Geld, viel Geld sogar, um Heimlichkeiten und vieles anderes, was die Welt so freundlich und fröhlich macht. Das viele Geld war für das devisenknappe Land merkwürdigerweise nicht das Problem. Das Problem war die Heimatflagge. Die »Astor« fuhr nämlich unter südafrikanischer Flagge und 1985 war Südafrika aus DDR-Sicht ein sehr böses Land, mit dem man keine Geschäfte zu machen hatte. An solchen Prinzipien hätte man im prinzipienfesten Deutschland festgehalten, wenn es nicht um das Traumschiff gegangen wäre. Prinzipien hin, Prinzipien her – das Traumschiff war offensichtlich wichtiger. Die DDR-Führung riskierte – nur um ihre Bürger glücklich auf Weltreise schicken zu können – das Gespräch mit dem Bösen an sich. Ein paar Prinzipien wollte man dann doch behalten und deswegen wurde die »Astor« vormittags an einen Hamburger Reeder verkauft und nachmittags dann an die DDR, bzw. die Abteilung »Kommerzielle

Koordinierung«. So hatte man – aus Sicht der prinzipienfesten DDR – das Problem, mit Südafrika Geschäfte zu machen, überwunden. Dass das Geschäft stattdessen mit dem »direkten« Gegner Bundesrepublik gemacht wurde, ist wieder so ein Witz dieser Zeit.

Am Ende dieser Geschichte steht jedenfalls der Vormittag des 29. August 1985 im Hamburger Hafen, an dem die bundesdeutsche Flagge von der »Astor« eingeholt und die DDR-Flagge auf der zukünftigen »Arkona« aufgezogen wurde. Seltsame Weltverkehrung im Hamburger Hafen. Ein Dutzend Seeleute aus Rostock wohnte diesem einmaligen Vorgang bei. Jemand mit viel Sinn für Humor hätte dabei laut gelacht. Allerdings ist der Hamburger Hafen sehr groß und da hört man so was nicht weit …

Eine große bundesdeutsche Zeitung ließ traurige und besorgte Hamburger Bürger zu Wort kommen, die es entsetzlich fanden, dass »ihr« schönes, südafrikanisches Traumschiff an diesen ostdeutschen Staatenableger verkauft wurde, und sie klagten, dass sich jetzt auf dem schönen Schiff die bösen DDR-Bonzen die Sonne auf ihre unwürdigen Bäuche scheinen lassen könnten und das dies doch eine Schande wäre. Eine Schande war sicher der Kaufpreis von mehr als 160 Millionen harter Westmark – das Schiff hatte fünf Jahre zuvor als Neubau nur 120 Millionen gekostet. Insgesamt lässt die Kostensteigerung vermuten, dass bei diesem Kauf sehr gute Freunde

Eine beliebte Freizeitbeschäftigung bei Passagieren und Besatzung war das Tontaubenschießen

Regelmäßig gab es Bootsmanöver zum Training für den Ernstfall. Auch für die Passagiere war das Bootsmanöver Pflicht, jedoch mussten diese nicht ins Rettungsboot, sondern nur mit der Rettungsweste auf der richtigen Seite des Schiffes erscheinen

miteinander das Geschäft ihres Lebens machten. Die zu diesem Zeitpunkt schon ihrem Ende entgegensteuernde DDR bezahlte dieses Geschäft – oder besser: Die Bürger dieses Landes hatten jene Waren produziert, mit denen man am Ende die vielen Devisen eingenommen hatte, die nun für dieses Schiff wieder dahin gebracht wurden, woher sie gekommen waren. Klingt das gradlinig?

Die traurigen Hamburger Rentner wurden schnell beruhigt. Bereits ein Jahr später fuhr die »Arkona« im Auftrag von TUI auch die Hamburger wieder über die Meere. Der Unterschied zu früher bestand nur darin, dass die Besatzung jetzt durchweg deutsch sprach, weil sie eben aus Deutschland kam – damals allerdings noch aus dem »anderen Deutschland«.

Und weitere fünf Jahre später konnte der untröstliche Hamburger dann ganz von seinem Schmerz erlöst werden, dann hatte er nämlich nicht nur den exorbitanten Kaufpreis von 1985 eingestrichen, 1990 bekam er das ganze Schiff einfach so zurück. Jetzt war es wieder seins und der Flaggenwechsel fand diesmal in seinem Sinne statt: DDR-Flagge herunter und bundesdeutsche Flagge hinauf. Und damit war dann alles so, wie es richtig scheint.

»WENDE« AUF DEM OZEAN

Im ehemaligen Bezirk Leipzig wurden von Oktober bis Dezember 1989 Autos mit Rostocker Kennzeichen nicht oder nur ungern betankt, mit dem Vorwurf: »Ihr habt ja nicht mitgemacht.« Dahinter steckte die Ansicht, dass dieses nichtmaritime Ereignis mit dem Namen »Wende«, eine ausgemachte »Binnensache«, sächsisch/leipzigerischen Ursprungs gewesen sei. Nun gut, heute steht der große politische und gesellschaftliche Umbruch des Jahres 1989 in den gesamtdeutschen Schulbüchern unter diesem nautischem Namen, und natürlich fand diese »Wende« auch auf dem Meer statt und setzte der DDR-Seefahrt ein Ende.

Die zivilen Bereiche der ostdeutschen Seefahrt, also die Fischerei und ihre Industrie, der Schiffbau und die Handelsschifffahrt, waren bereits vorher unterschiedlich stark von den ökonomischen Grundgesetzverstößen der DDR betroffen. Die Fischerei war schon länger zu einem staatlichen Zuschussgeschäft geworden. Da helfen auch all jene Zauberrechnereien nicht, die Löhne und Lebensbedingungen gegeneinander aufrechnen. Die Frage wäre höchstens gewesen, ob sich das größere neue Deutschland nach 1990 mehr subventionierte Fischerei hätte leisten sollen, damit dieser Industriezweig grundsätzlich erhalten geblieben wäre. Dass dagegen entschieden wurde, lässt sich zumindest geschichtlich einfach erklären: Die Deutschen waren noch nie in ihren früheren Reichen als ein Volk von Fischern aufgefallen. Zumindest gibt es kein Standardwerk der deutschen Geschichte, das diesen Schluss zuließe. Außerdem schien die betroffene Zahl von Menschen – ca. 5.000 fuhren auf der Fischereiflotte – zu gering, um daraus besondere Ansprüche ableiten zu können.

Ein zweites Problem der Fischereiindustrie war ihr Auftreten als großer, in sich geschlossener Betrieb. So war sie entstanden, so hatte sie innerhalb der DDR ihren berechtigten Bestand, aber nun, wo es auch darum ging, ökonomische Gebilde zu haben, die schnell reagieren können, musste dieser Großbetrieb ins Schleudern geraten. Das große Fischfangkombinat war in seinen Dimensionen und seinen vielfältigen Nutzungsmöglichkeiten für die neuen Leute an den Gestaltungshebeln des Landes offensichtlich unbeherrschbar. Man versuchte, kleinere mittelständische Stücke abzuschneiden und daraus Unternehmen zu bilden, die anschließend auf eine wilde verwegene Fahrt durch die 90er-Jahre gingen, die sanken, wieder auftauchten, verkauft und verschenkt wurden. Dabei wurden europäische, deutsche und mecklenburgische Geldmittel auf vielfältigste Art und Weise verbraucht. Hinter allen Zahlen, hinter allen Untergängen und überraschenden

AMON

FRITZ HECKERT

Seite 154/155 I Am 19. April 1991 verlässt die »Fritz Heckert« Stralsund zu ihrer letzten Fahrt auf ihrem Weg zur Verschrottung. Das ehemalige DDR-Urlauberschiff diente bis dahin jungen Werftarbeitern als schwimmendes Wohnheim

Neugründungen stecken: Menschen – in der Regel sehr gut ausgebildet, in Familienzwängen und -pflichten und womöglich auch noch heimatverbunden. Wegen dieser Menschen gab es Subventionen, Anschubfinanzierungen und Ähnliches. Aber der große Fischfang mit der Heimat Mecklenburg, der war innerhalb eines Jahres erledigt. Im Prinzip musste der ostdeutsche Fischfang in rund drei Monaten eine »Anpassung« leisten, für die die westdeutschen Kollegen etwa zehn Jahren Zeit hatten.

Im Schiffbau gab es ähnlich gravierende Einschnitte. Während Westeuropa den Schiffbau schon in den 80er-Jahren in großem Maße an asiatische Staaten vergeben hatte und die westdeutsche Schiffsbauindustrie mehr als 20 Jahre für ihre Anpassung an veränderte Weltlagen Zeit hatte, baute man an Mecklenburgs Küste von Wismar bis Wolgast ungebrochen Schiffe: Transportschiffe, Fischereischiffe, Schiffe für den Frieden und Sonderdinge wie Docks. Die Bauten hatte hohe Qualität und die Schiffbauer, wie die Fischer, eine solide Ausbildung. In der komplizierten Vereinigungslage übernahm mit dem »Bremer Vulkan« eine Firma große Teile der Werftindustrie, die später durch einen gewaltigen Konkurs in die Schlagzeilen geriet. Heute gehören immerhin drei Werften aus Mecklenburg-Vorpommern zu den zehn größten deutschen Werften, ihre Besitzer sitzen allerdings nicht in Rostock, Stralsund oder Wismar und auch die Beschäftigtenzahlen sind deutlich geringer als ehedem. Von allen Werften hat die Peenewerft, die schon 1945 den damaligen Umbruch ohne Produktionseinbuße erlebt hat, auch nach 1990 weniger gelitten als die großen Werften in Rostock oder Wismar. Ob das an dem dortigen speziellen Produktionsprofil liegt? Auf Usedom werden nämlich Schiffe für den Frieden gebaut.

Ähnlich wie die Fischerei traf es auch die Handelsflotte der DDR hart und ohne Alternativen. Die ehemals größte deutsche Universalreederei wurde zuerst geschrumpft und später verkauft. Bereits drei Jahre, nachdem die Flaggen auf den Schiffen gewechselt worden waren, hatte sich die Beschäftigtenzahl um zwei Drittel verringert.

Die DSR lebt heute vor allem noch in Erinnerungen fort. Immerhin haben – um hier noch ein paar schöne Zahlen zu bringen – über alle die Jahre von 1949 bis 1989 gerechnet mehr als 300.000 Ostdeutsche von diesen Schiffen aus das Meer gesehen. Im Wendeherbst waren knapp 10.000 Seeleute auf den volkseigenen Schiffen unterwegs. Als die Reederei 1993 verkauft wurde, fuhren noch 2.500 Menschen als Besatzungen auf den verbliebenen Schiffen.

Die Seewirtschaft der DDR hatte die Besonderheit, dass sie von Anbeginn an eine staatliche Einrichtung war und aus großen Kombinaten bestand. Hier gab es keine Vorkriegsgrundlagen, auf deren Basis man hätte privatisieren können, es gab keine Vorbesitzer, die laut »Hier!« schrien, und es gab keine alten Kollegen, die noch die Altbesitzer kannten. In diesem Bereich hatte die DDR selbstständig einen gesamten Industriezweig entwickelt und betrieben. Umso plötzlicher und aus persönlicher Sicht ungerechter das Ende. Keine Vergangenheit im Kaiserreich, keine Zukunft im modernen Deutschland. So einfach ist es sicher nicht, aber so einfach kann man es sehen.

Seite 157 I Viele Erinnerungen hielten der »Wende« stand: So wie an die atemberaubenden Sonnenuntergänge auf See

ABBILDUNGSNACHWEIS

Architekten- und Ingenieurunion Stralsund GmbH | **S. 56**

Fährhafen Sassnitz/Mukran | **S. 129, 132, 133, 137**

Karl-Heinz Gubick | **S. 16, 18, 22, 24, 33, 35, 62, 141, 146**

Harry Hardenberg | **S. 63, 73, 154/155**

Meeresmuseum Stralsund | **S. 17, 19, 23, 25, 28, 36, 38, 39, 40, 41, 67, 69, 70/71, 72, 74, 75, 76, 77, 79, 80, 86, 87, 89, 110, 144**

Heike Metz | **S. 84 (o.), 85, 88, 96, 103, 111 (o., u.), 112, 113, 114, 125 (o., u.), 147, 148, 149, 150, 151, 152**

Norbert Rahtge | **S. 13, 29, 30, 31, 37, 43, 44, 45, 47, 48/49, 51, 52/53, 54, 57, 58/59, 61, 64, 65, 66, 81, 82, 83, 84 (u.), 90, 91, 92, 93, 94/95, 97, 98, 99, 100, 101, 102, 104/105, 106, 107, 108, 109, 115, 116, 117, 118/119, 120, 121, 122/123, 124, 126, 127, 130/131, 134/135, 136, 138, 139, 157**

Norbert Stacklies | **S. 15, 140, 142, 143, 145**

Stadtarchiv Greifswald | **S. 9, 10, 11, 32**

BIBLIOGRAFISCHE INFORMATION DER DEUTSCHEN NATIONALBIBLIOTHEK
Die Deutsche Nationalbibliothek registriert diese Publikation in der Deutschen Nationalbibliografie; detaillierte bibliografische Daten im Internet unter http://d-nb.de.

www.mitteldeutscherverlag.de

UMSCHLAGFOTO Manfred Jahn
VOR- UND NACHSATZ © 2010 Enrico Pense (www.enricopense.de)

GESAMTHERSTELLUNG Mitteldeutscher Verlag, Halle (Saale)

ISBN 978-3-89812-706-6

Printed in the EU

Anzahl der Schiffe der Rostocker Hochseefischerei von 1950 bis 1990

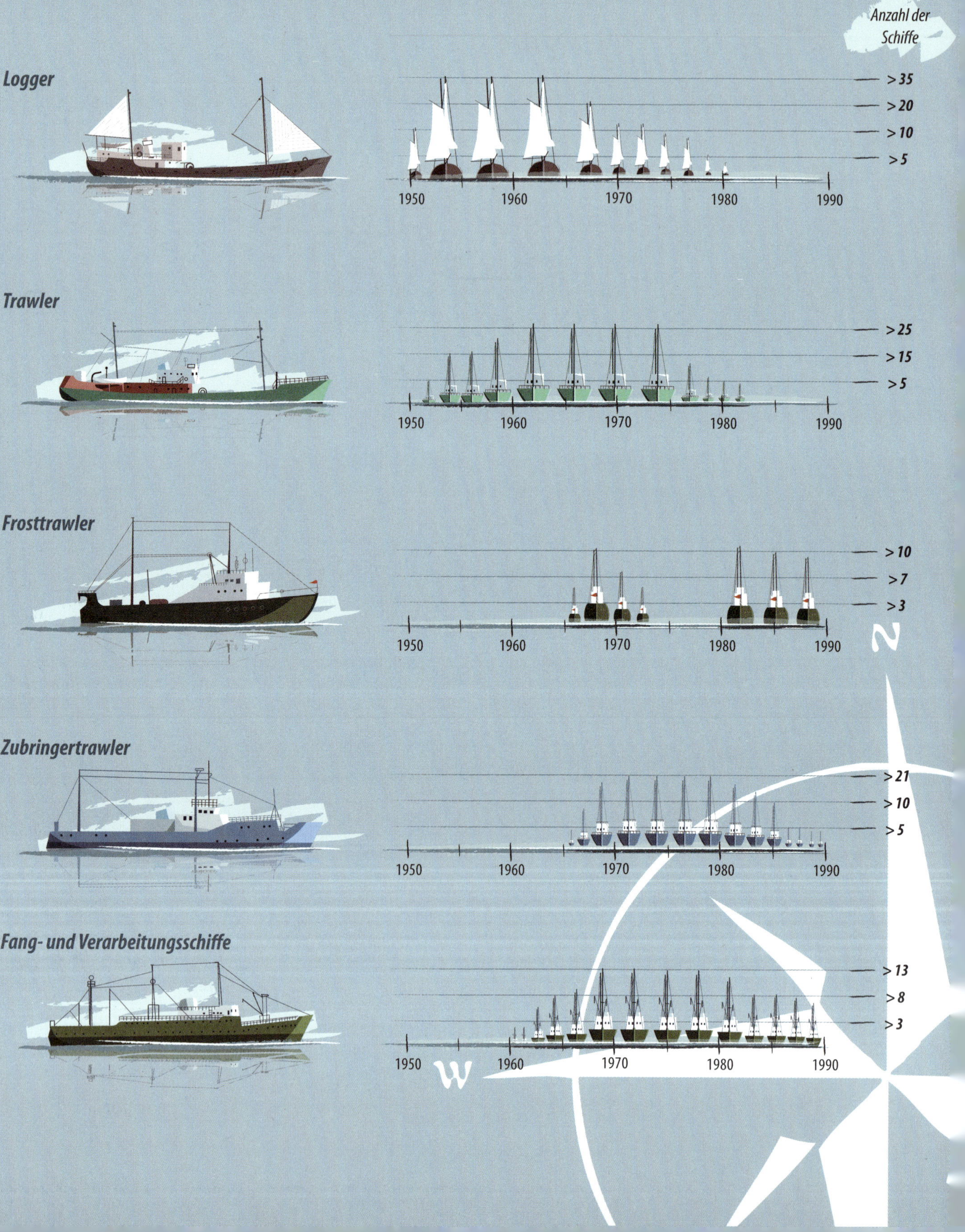